유대인의 세계관

유대인은 세계를 어떤 관점으로
바라보고 극복하고 만들어가는가

유대인의 세계관

세계관이 다르면 인생의 철학과 태도가 완전히 달라진다!

홍익희 지음

서문

유대민족이 위대한 성취를 이룰 수 있었던 근본적인 힘
세계관을 읽다!

 유대민족의 역사는 고난과 형극으로 점철된 역사였다. 유대인들이 5,000년의 긴 세월 동안 온갖 고통과 핍박을 견디며 나름의 위대한 성취를 이룰 수 있었던 근본적인 힘은 어디서 나온 것일까?

 고대 이집트의 건설 노예를 거쳐 기원전 6세기 바빌로니아의 포로 생활에 이르기까지 유대민족 전체가 생존의 집단적 트라우마에 시달렸다. 오직 믿을 건 야훼뿐이었다. 여기서 그들의 유일신 '종교관'이 뿌리내렸다. 그 뒤 유대교에서 파생되어 나온 종교가 기독교와 이슬람교이다.

 이후 1~2세기 로마제국과의 2번의 격렬한 전쟁으로 민족의 절반이 절멸했다. 이때 사제 계급이 전멸하고 바리새파만이 살아남았다. 그 뒤 나라 없이 세계 곳곳에 흩어져 살아야 했던 디아스포라 공동체 시절, 사제 없는 유대교를 평신도들이 지켜내야 했기에 남자들은 의무적으로 글을 배웠다. 그리고 예배 때 돌아가며 『성경』을 읽고 기도드리며 유대교를 지켜냈다.

　99%가 문맹이었던 시절에 글을 읽고 쓴다는 것은 큰 힘이 되었다. 자연스레 그들이 상업과 교역 그리고 대부업을 주도했다. 이때 낯선 땅에서 살아남기 위해 그들의 자주적인 '경제관'이 정립되었다. 청빈과 무소유를 가르치는 다른 종교들과는 달리 유대교에서는 부의 축적은 곧 하느님의 축복이었다. 이를 통해 유대인의 자선 행위 곧 부의 순환은 하느님과의 관계를 개선시키는 지름길로 받아들여졌다.

　그리고 이방인 속에서 자라나는 자녀들에게 야훼의 말씀을 전하면서 그들의 '자녀교육관'이 바르게 자리잡았다. 그들은 공동체 내 약자를 돌보는 긍휼의 정신이 하느님이 바라는 자녀의 인성이 되도록 자녀 교육에 혼신의 힘을 다했다. 또한 베스트가 아닌 하느님이 주신 달란트를 개발하여 유니크한 존재가 되도록 도와주는 게 부모의 역할이었다.

　이후에도 중세 십자군 전쟁 때 집단학살과 추방, 강제 격리된 게토 생활 속에서도 그들은 절망 앞에 무릎 꿇지 않고 하느님의 자녀로서 받은 가능성에 최선을 다하며 살았다. 어려운 환경에서도 하느님을 도와 세상을 개선하고자 하는 '티쿤 올람' 정신이 유대인의 삶의 목적이자 그들의 '개척관'이 되었다.

　근대 들어서도 유럽 각국에서 반복되는 집단적 추방과 히틀러의 집단학살 홀로코스트에 이르기까지 많은 박해를 당했다. 이후 하느님의 자녀로서 약속받은 시온 땅으로 돌아가는 과정에서 그들의 '국가관'이 정립되었다.

그들을 지탱해 온 이러한 정신과 생각이 오늘날 유대인 세계관의 일부가 되어 세계 경제를 주도하고 미국을 움직이는 힘이 되었다. 현대 금융자본주의의 정점에 그들이 있으며 실리콘밸리를 이끄는 주도 세력이기도 하다. 그런 의미에서 이 책에서는 지피지기의 관점에서 그들의 정신세계를 살펴보았다. 그들을 이해하는 데 도움이 되길 바란다. 이 책은 지난 2년 7개월간 조선일보에 연재했던 「신유대인 이야기」에서 발췌했음을 밝힌다.

2024년 3월
홍익희

목차

서문

유대민족이 위대한 성취를 이룰 수 있었던 근본적인 힘 세계관을 읽다! • 5

1장 [종교관]
하느님 자녀로서의 합당한 삶을 살아야 한다 • 17

아담과 이브가 태어난 인류 창조의 날을 기념한다 • 19

유대인 인류 창조의 날은 월스트리트 공휴일이다 • 19 | 매년 새해에 죄를 회개하고 용서를 구하고 화해한다 • 22

[더 읽을거리] 제4차 중동전쟁: 대속죄일에 공격을 받아 파멸 직전까지 가다 • 25

유대교 때문에 7일 중 쉬는 날인 안식일이 생겼다 • 27

유대교는 토요일, 이슬람교는 금요일, 기독교는 일요일이 안식일이다 • 27 | 사제는 유대교와 이슬람교에는 없고 기독교만 있다 • 28 | 천사는 유대교, 기독교, 이슬람교, 불교, 조로아스터교에도 있다 • 30 | 유대인, 기독교, 이슬람교가 포용해야 인류가 융성한다 • 32

[더 읽을거리] 십계명도 유대교와 기독교와 가톨릭이 약간 다르다 • 35

하느님의 형상을 찾아 자신을 발전시킨다 • 36
유대교, 이슬람교, 기독교는 구원관이 다르다 • 36 | 유대교는 율법 준수, 기독교는 믿음, 이슬람교는 행위로 구원받는다 • 38 | 원죄는 유대교와 이슬람에는 없고 기독교에만 있다 • 41

[더 읽을거리] 구세주는 유대교와 기독교에 있고 이슬람교에는 없다 • 44

출애굽 때 광야에서의 고난을 되새기고 감사한다 • 46
초막절은 한민족 최대 명절 추석과 비슷하다 • 46 | 한민족처럼 함께 춤추는 것을 좋아한다 • 49 | 이웃을 위한 나눔 전통이 곳곳에 남아 있다 • 51

[더 읽을거리] 초막절 마지막 날에는 『토라』 완독을 기념한다 • 53

예루살렘 성전을 되찾은 날을 잊지 않는다 • 54
백악관에서 하누카 기념일 행사를 한다 • 54 | 헬레니즘에 맞서 히브리즘을 지키다 • 54 | 유대인의 크리스마스라고 부른다 • 60

[더 읽을거리] 한국계 이민자가 뉴욕의 수석 랍비가 되다 • 62

유일신 신앙을 지키기 위해 반란을 일으키다 • 64
성지와 성전을 지키기 위해 목숨을 건다 • 64 | 바리새파만 남고 다 전멸하고 사제 계급도 없어지다 • 65 | 960명이 1만 5,000명에 맞서 2년을 버티다 • 67 | 나라 잃은 자신들의 처지를 슬퍼하며 통곡하다 • 70

[더 읽을거리] 로마군의 대량 학살로 사제 계급이 사라지다 • 71

유대교에서 기독교와 이슬람교가 갈라져 나왔다 • 72
같은 신을 유대교, 이슬람교, 기독교는 다르게 부른다 • 72 | 창조, 종말, 최후의 심판, 영원한 내세가 공통된다 • 74 | 부활과 최후의 심판 사상은 어떻게 정립됐는가 • 76 | 유대교와 이슬람교는 예수를 선지자로 본다 • 78

[더 읽을거리] 왜 기독교는 유대교에서 갈라져 나와 독자 종단이 됐는가 • 80

2장 [경제관]
하느님의 자녀로서 축복은 부의 축적이다 · 81

환차익 거래로 돈을 벌었다 · 83
서양의 은을 중국의 금과 바꿔 100퍼센트 수익을 내다 · 83 | 서양의 은 대신 일본의 은으로 더 큰 수익을 내다 · 84 | 일본은 조선이 개발한 연은분리법으로 은을 생산했다 · 87 | 일본은 조선의 은 제련술과 도자기 제조 기술로 경제 강국이 됐다 · 88

[더 읽을거리] 은 제련술을 활용해 임진왜란을 일으키다 · 91

유럽에 동양 자기 열풍을 이끌었다 · 92
동인도회사는 조선의 도자기를 수입하고 싶어했다 · 92 | 하멜의 『표류기』 이후 다시 조선과 교역하고자 했다 · 94 | 유럽 자기의 뿌리는 조선의 청화백자이다 · 97

[더 읽을거리] 도자기가 유럽에서 집 한 채 가격에 팔리다 · 100

중계무역으로 자본주의 싹을 틔웠다 · 101
네덜란드는 중계무역 중심지가 됐고 금융업과 보험업도 발전했다 · 101 | 네덜란드 유대인들이 영국으로 이주하다 · 104

[더 읽을거리] 유대인 안식일 음식 바칼랴우 튀김이 피시앤드칩스가 됐다 · 109

철학자로 독일 경제를 성장시켰다
(모제스 멘델스존 이야기) · 111
계몽주의 철학으로 유대인을 해방시키다 · 111 | 유대교 사상과 계몽주의 사상을 융합하다 · 114 | 노력하여 가난한 고리를 끊고 금융 가문을 일구다 · 116

[더 읽을거리] 소설보다 더 극적인 청혼으로 사랑을 쟁취하다 · 118

페트로 달러 체제 구축으로 달러 패권을 지켰다
(헨리 키신저 이야기) • 119

피해자로 쫓겨났다가 점령군으로 복귀하다 • 119 | 닉슨 대통령의 중국 방문을 성사시키다 • 120 | 베트남 전쟁으로 수렁에 빠진 미국 경제를 살리다 • 122 | 추락하던 달러의 위상을 회복시키다 • 126

[더 읽을거리] 왕성한 호기심과 탐구욕으로 100세까지 장수하다 • 127

거물 두 명이 미국 현대 금융사를 만들어나갔다
(샌디 웨일과 제이미 다이먼 이야기) • 128

샌디 웨일, 시티그룹을 일구다 • 128 | 제이미 다이먼, JP모건체이스를 일구다 • 131

[더 읽을거리] 경제 허리케인이 몰려오고 있는가 • 134

경제적 합리성이 더 나은 세상을 만들 수 있다
(래리 서머스 이야기) • 135

IMF 사태를 막후에서 다루고 조종하다 • 135 | 미국 외 중국, 오펙+, 브릭스 등의 다른 권력들이 연합한다 • 138 | 미국은 다시 세계적 리더로 거듭나야 한다 • 140

[더 읽을거리] '경제 우선'의 실용 노선을 택하다 • 142

『성경』대로 파봤더니 석유와 가스가 나왔다
(토비아 러스킨 이야기) • 143

석유 수입국에서 산유국이 되다 • 143 | 이스라엘에 석유탐사 붐이 일다 • 146 | 석유를 이용해 평화협정을 맺다 • 147

[더 읽을거리] 『성경』을 토대로 고대 메소포타미아 문명의 유적을 발견하다 • 149

3장 [자녀교육관]
하느님의 자녀로서 각자 다른 달란트를 받았다 • 151

험담하는 것을 살인 이상의 죄로 여긴다 • 153
험담은 공동체 사슬을 끊어버리기 때문에 하면 안 된다 • 153 | 의인의 기본 덕목은 혀를 지키는 것이다 • 157

[더 읽을거리] 왜 유대인들은 토론에 강한가? • 160

구전 율법과 성문 율법에 따라 살아간다 • 161
『토라』는 세상을 지탱하는 3가지 기둥 중 하나다 • 161 | 『탈무드』는 삶의 바른 길을 찾는 학문이다 • 165

[더 읽을거리] 세 종교는 모두 『구약』을 경전으로 삼는다 • 168

외톨이는 어떻게 세계적인 영화감독이 되었는가
(스티븐 스필버그 이야기) • 169
열두 살 때까지 자녀 교육에 혼신을 다한다 • 169 | 유대인 부모는 아이의 재능에 맞는 교육을 한다 • 171 | 성전 중심의 종교에서 배움 중심의 종교로 탈바꿈했다 • 173

[더 읽을거리] 인간에게는 하느님의 외모가 아닌 영혼이 깃들어 있다 • 176

지진아는 어떻게 세계적인 과학자가 되었는가
(아인슈타인 이야기) • 177
베스트가 아닌 유니크를 추구하다 • 177 | 혼자서 깨닫는 것이야말로 중요하다 • 178 | 학교 주입식 대신 책과 토론을 통해 배우다 • 180 | 상상력을 통해 우주의 비밀을 풀다 • 181

[더 읽을거리] 꿈은 당신을 아름답게 꾸며주는 최고의 옷이다 • 184

빈털터리는 어떻게 선박왕이 되었는가
(마커스 새뮤얼 이야기) • 185

5파운드를 가지고 장사를 시작하다 • 185 | 석유 산업을 석권해 선박왕으로 불리다 • 187 | 역경에 어떤 자세로 대처하느냐가 중요하다 • 191

말더듬이 소년은 어떻게 색채의 마술사가 되었는가
(마르크 샤갈 이야기) • 192

초정통파 출신으로 20세기를 대표하는 화가가 되다 • 192 | 주제와 색채의 원천은 하시디즘과 고향이다 • 193 | 독실한 유대교도가 예수와 마리아를 그리다 • 195

[더 읽을거리] 러시아에서 반 유대주의 폭동이 있었다 • 199

4장 [개척관]
하느님의 자녀로서 받은 가능성에 최선을 다해 산다 · 201

라스베이거스를 카지노와 컨벤션 도시로 만들다
(벅시 시겔, 커크 커코리언, 셸던 애덜슨 이야기) • 203

벅시 시겔, 사막 한가운데에 오아시스를 설계하다 • 203 | 커크 커코리언, 라스베이거스 쇼를 시작하다 • 205 | 셸던 애덜슨, 카지노에서 전시·컨벤션 도시로 바꾸다 • 207

[더 읽을거리] 서울도 라스베이거스처럼 될 수 있을까? • 210

컴퓨터 알고리즘 투자 기법을 개발하다
(제임스 사이먼스 이야기) • 211

수학으로 시장을 풀어내 헤지펀드의 대가가 되다 • 211 | 직감이나 경험이 아닌 데이터로 패턴을 찾는다 • 212 | 보너스를 활용해서 동료와의 협업을 이끌어낸다 • 214

[더 읽을거리] 30년간 130조 원을 번 역대 최강의 헤지펀드를 만들다 • 217

페이팔을 만들어 핀테크 시대를 열다
(맥스 레브친 이야기) • 218

돈을 암호화해서 송금하다 • 218 | 일론 머스크와 함께 페이팔을 탄생시키다 • 220 | 완벽하게 준비하려고 하면 늦기 때문에 일단 시작하라 • 222

[더 읽을거리] 중국이 미국의 페이팔을 모방하다 • 225

미중 패권 전쟁 뒤에 유대 금융 세력이 있다 • 226
중국은 유대 금융 세력을 경계한다 • 226 | 유대인들이 중국으로 몰려가기 시작하다 • 227 | 동양 영사들이 유대인들의 탈출을 도왔다 • 230

[더 읽을거리] 『성경』의 예언에 중국이 나오다 • 233

인공지능 혁명 뒤에는 유대인 천재들의 숨은 노력이 있다 • 234
유대인 과학자들이 인공지능 혁명을 이끌다 • 234 | 샘 올트먼이 챗GPT 개발을 주도하다 • 237

[더 읽을거리] 인공지능 대전이 시작되다 • 241

5장 [국가관]
하느님의 자녀로서
약속받은 땅으로 돌아간다 • 243

이스라엘 건국의 토대를 마련하다
(하임 바이츠만 이야기) • 245

아세톤 개발로 제1차 세계대전 때 영국을 구하다 • 245 | 바이츠만 공정으로 합성 생물학 시대를 열다 • 247 | 박테리아를 이용해서 생명공학을 발전시키

다 • 251

[더 읽을거리] 유대인 박해가 시온주의로 이어지다 • 252

이스라엘을 사회주의에서 자본주의 국가로 변신시키다
(시몬 페레스 이야기)   • 254

유대교를 기초로 유대 정치 체제의 국가를 건설하다 • 254 | 자주국방과 위성 강국의 기틀을 마련하다 • 258 | 전쟁에서 이기는 것보다 막는 것이 중요하다 • 261 | 이스라엘의 경제 체제와 체질을 전면적으로 개혁하다 • 264 | 이스라엘을 창업 천국으로 만들다 • 265

[더 읽을거리] 오늘날의 이스라엘을 만들다 • 268 | 아라파트와 오슬로 평화협정을 체결하다 • 269

대학이 아닌 군대에서 컴퓨터를 가르친다   • 271

대박해 때문에 시오니즘 운동이 시작되다 • 271 | 2,011년 만의 건국 후 결사항전에 나서다 • 272 | 물 때문에 3차 중동전쟁이 일어나다 • 275

[더 읽을거리] 세파르디와 아슈케나지는 상이한 역사만큼 전통도 다르다 • 278

대기업 없이 스타트업으로 경제 기적을 이루다   • 280

군사용 정보통신기술 발전에서 출발하다 • 280 | 100만 명의 고학력 러시아 유대인을 받아들이다 • 281 | 세계 약품의 25퍼센트가 이스라엘의 기술에 기반한다 • 284

[더 읽을거리] 실리콘밸리의 선배들이 이스라엘의 벤처 기업들을 발굴한다 • 287

1장

[종교관]
하느님 자녀로서의 합당한 삶을 살아야 한다

아담과 이브가 태어난
인류 창조의 날을 기념한다

유대인 인류 창조의 날은 월스트리트 공휴일이다

2022년 9월 25일 일요일 저녁은 유대인의 새해 명절 '로쉬 하샤나 Rosh hasana'다. 유대력으로 5,783년째 새해다. 정통파 유대인은 로쉬 하샤나를 이틀간 지키기 때문에 25일 해 질 때부터 27일 해 질 때까지 계속된다. 반면 개혁파 유대인은 첫째 날 하루만 지킨다. 이날 회당에서 숫양의 뿔로 만든 나팔을 불어 '나팔절'이라 부른다. 뉴욕시는 로쉬 하샤나를 비롯한 유대인의 절기를 아예 공휴일로 지정했다. 월스트리트 금융가가 유대인 절기에 어김없이 쉬는 이유다.

로쉬 하샤나는 크게 세 가지 의미를 지니고 있다. 첫째, 로쉬 하샤나는 '해의 머리' 곧 한 해의 시작이라는 뜻이다. 둘째, 여호와의 '심판의 날'이다. 셋째, 새로운 세상의 시작을 의미한다. 『탈무드』에 의하면, 유대력의 첫날인 로쉬 하샤나에 여호와께서 아담과 이브

신년 행사는 숫양의 뿔로 만든 나팔을 부는 것으로 시작한다. 그믐달에서 초승달로 바뀌는 때 나팔을 100번 분 다음 기도문을 낭송한다. 유대력 새해인 로쉬 하샤나를 맞아 한 유대인 남성이 숫양의 뿔로 만든 나팔을 불고 있다. 유대인은 종교의식, 왕의 즉위, 전시 병력 소집 등 중요한 때 나팔을 활용했다.

를 창조해 천지창조를 완성하셨다고 한다. 그래서 그날이 인류 역사의 시작으로 인간의 새해가 되는 것이다.

신년 행사는 숫양의 뿔로 만든 나팔을 부는 것으로 시작한다. 그믐달에서 초승달로 바뀌는 때 나팔을 100번 분 다음 기도문을 낭송한다. "잠자는 자여, 일어나라. 너의 행위를 생각해보라. 창조주를 기억하고 그에게 용서를 구하라. 악한 길에서 벗어나 주께 돌아가라. 그가 자비를 베푸시리라." 이렇게 나팔을 부는 것은 유대교 전통에서 여호와와 맺은 언약을 기억할 때, 사탄을 내쫓을 때, 회개를 촉구할 때, 왕의 취임식 때, 전쟁이 나서 백성을 소집할 때 행하던 관습이었다. 곧 신년 나팔은 여호와가 우리의 왕이라 선언하는 날이다. 유대인은 이날 가장 좋은 옷을 입는다. 대개 순결을 상

유대력 새해인 로쉬 하샤나의 전통 음식은 사과와 석류와 꿀이다. 과일을 꿀에 찍어 서로 먹여주면서 새해를 축복한다.

징하는 흰옷을 입고 경축한다.

우리가 설날 아침에 떡국을 먹듯 유대인은 사과를 꿀에 찍어 서로 먹여주면서 "주님, 당신 뜻대로 우리를 행복하고 즐거운 새해로 인도하소서."라고 기도한다. 이는 새해가 사과처럼 향기롭고 꿀처럼 달콤하기를 바라는 마음을 나타낸다. 사과 대신 석류를 먹기도 하는데 석류 알맹이 수만큼 좋은 일이 많이 일어나기를 바라는 의미이자 석류 알맹이 수와 비슷한 율법 613가지를 잘 지키겠다는 뜻이기도 하다.

또 생선 대가리를 먹으면서 "꼬리가 되지 말고 머리가 되도록" 빌기도 한다. 또 이날 강가에 모여 빵가루나 돌멩이를 강물에 던지는 '타실리크' 의식을 거행하며 기도문을 읽는다. 타실리크는 '던지다.'라는 뜻이다. 죄를 상징하는 누룩으로 만든 빵 부스러기를 강물에 던져버리듯 여호와께서 자신들의 죄를 강물에 다 던져버려 달라는 기도다.

매년 새해에 죄를 회개하고 용서를 구하고 화해한다

유대교에서는 사람이 죄를 지으면 여호와와 맺은 관계가 단절된다. 관계를 회복하기 위해서는 죄 사함을 받아야 한다. 이를 위한 선행 조건이 있다. 먼저 회개하고 기도하고 죗값에 합당한 구제(자선)금을 내놓아야 한다. 이렇듯 죄지은 인간이 먼저 회개하고 여호와께 돌아와야 하는데 그러지 못할 경우 나팔을 불어 회개를 촉구하는 것이다.

『탈무드』에 따르면 로쉬 하샤나는 '여호와께서 심판하시는 날'이다. 여호와께서는 그날에 각 사람의 행실에 따라 책 세 권에 기록한다고 한다. 의로운 자, 악한 자, 중간에 속한 자를 각각 기록하는 책이다. 의로운 자는 '생명책에 옮겨 적혀 영원히 살 것이라.'라고 기록되어 봉인된다. 악한 자는 사망록에 기록된다. 하지만 그 어떤 책에도 기록되지 못한 어중간한 사람들에게 여호와께서 10일 유예 기간을 주신다고 한다. 10일 뒤 그들의 운명이 결정되는 것이다.

그래서 새해와 욤 키푸르(대속죄일) 사이 열흘을 '참회의 10일'이라 부른다. 이 기간에 유대인은 생명책에 기록되기 위해 본격적으로 참회하며 용서를 구한다. 나팔절에서 대속죄일까지 열흘 중 아흐레는 사람에게 지은 죄를 회개하고 용서를 구하여 화해해야 한다.

여기서 중요한 대목은 이렇게 모든 인간과 화해를 이룬 다음에야 비로소 대속죄일에 여호와께 지은 죄를 회개하고 용서를 구할 수 있다는 점이다. 『탈무드』는 "여호와께서 사랑과 용서로 세상을 만드시고 우리에게도 사랑하고 용서하며 살아야 한다고 요청하신다."라고 가르친다. 여호와를 사랑한다면 자기 주변의 사람을 먼저 사랑해야 한다는 것이다. 신적 지혜를 담고 있다.

유대교 신년 로쉬 하샤나는 인류 창조를 기념하는 날이자 인간이 죄를 씻어 새로워질 수 있는 시간이다. 로쉬 하샤나와 욤 키푸르가 함께 연결되는 이유다. 매년 회개와 용서로 시작되는 새해는 유대인의 결속력을 더욱 강하게 하고 거듭나게 한다. 로쉬 하샤나 전날과 대속죄일 전날에 몸을 깨끗이 씻는 것은 유대인이 꼭 지켜야 하는 종교적 의무다. 깨끗이 몸단장하고 새해를 시작하는 로쉬 하샤나에 유대인은 자신들의 삶 속에도 새로운 세상이 다시 창조되기를 원한다.

유대 전통에 따르면 로쉬 하샤나에 울리는 나팔 소리와 함께 구세주가 온다고 한다. 지금도 정통파 유대인은 이를 굳게 믿고 있다. 여기서 유래되어 기독교 역시 로쉬 하샤나 때 오실 예수의 재림을 믿고 있다. 그런데 일부 기독교 교단이 로쉬 하샤나에 '휴거'가 찾아올 것이라고 선전했다.

휴거는 기독교 종말론의 하나로 그리스도가 세상에 다시 올 때 선택받은 기독교인들이 공중에 들어 올려져 그분을 영접한다는 주장이다. 『신약성서』 「데살로니가전서」 4장 17절에 "그 후에 우리 살아남은 자들도 그들과 함께 구름 속으로 끌어올려 공중에서 주를 영접하게 하시리니 그리하여 우리가 항상 주와 함께 있으리라." 라고 적혀 있다. 그들은 휴거 현상이 세상 마지막 날에 심판의 징조로 나타날 것이라고 선전하여 많은 사람을 미혹하고 사회적으로도 큰 물의를 일으켰다.

[더 읽을거리]

제4차 중동전쟁: 대속죄일에 공격을 받아 파멸 직전까지 가다

『구약성서』「레위기」 23장 24~29절을 보면 여호와께서 모세에게 말씀하셨다. "이날은 속죄일 곧 주 너희의 여호와 앞에서 속죄 예식을 올리는 날이므로, 이날 하루 동안은 어떤 일도 해서는 안 된다. …… 누구든지 이날에 어떤 일이라도 하면, 내가 그를 백성 가운데서 끊어버리겠다. …… 이것은 너희가 사는 모든 곳에서, 너희가 대대로 영원히 지켜야 할 규례이다."

이렇듯 대속죄일에 유대인은 아무 일도 해서는 안 된다. 오로지 24시간 음식과 물을 금하는 절대 금식을 하고 가슴을 치며 여호와께 지은 죄를 고백하고 은혜를 구한다. 1년 중 가장 엄숙하고 거룩한 날이다. 모든 방송이 중단되고 도로 위의 모든 차량이 자취를 감춘다.

이러한 약점을 이용해 욤 키푸르 전쟁이 일어났다. 이스라엘 군대와 온 국민이 쉬는 1973년 10월 6일 욤 키푸르에 시나이반도와 골란고원 두 전선에서 이집트군과 시리아군이 동시에 기습 공격을 감행함으로써 제4차 중동전쟁이 발발했다. 이스라엘은 개전 48시간 만에 17개 여단이 전멸하다시피 해 속수무책으로 당하면서 파멸 직전까지 이르렀다. 하지만 조국 이스라엘을 구하려는 일선 병사들이 강한 애국심으로 사투를 벌이면서 반격에 성공하고 전세를 역전시켰고 마침내 유엔, 미국, 소련의 중재로 휴전을 맞았다.

이 전쟁 이후 이스라엘은 지상군과 전차가 이제는 쓸모없음을

욤 키푸르 전쟁. 1973년 10월 6일 욤 키푸르에 시나이반도와 골란고원 두 전선에서 이집트군과 시리아군이 동시에 기습 공격을 감행함으로써 제4차 중동전쟁이 발발했다.

깨닫고 컴퓨터와 인공위성으로 제어하는 첨단 무기 개발에 주력해 군사용 드론과 무인항공기, 그리고 미사일방어체계 '아이언돔'을 완성했다.

유대교 때문에 7일 중 쉬는 날인 안식일이 생겼다

유대교는 토요일, 이슬람교는 금요일, 기독교는 일요일이 안식일이다

세 종교의 안식일에도 차이가 있다. 곧 금요일은 이슬람교, 토요일은 유대교, 일요일은 기독교의 안식일이다. 달을 중심으로 하는 음력을 따르는 유대인의 하루는 달이 보이는 일몰에서 시작된다. 『구약』「창세기」에 보면 '하느님께서 "빛이 생겨라!"라고 하시자 빛이 생겨났다. 이렇게 첫날의 밤, 낮 하루가 지났다.'라고 쓰여 있다. 그렇다 보니 유대인의 안식일은 금요일 일몰부터 토요일 일몰까지다. 원래 세 종교 모두 안식일은 유대교의 안식일과 같은 토요일이었다.

기독교에서 안식일이 일요일로 바뀐 사정은 이랬다. 예수 이후 로마제국에서는 유대인과 기독교인이 공존하며 함께 예배를 보는 등 모두 안식일을 지키고 있었다. 그런데 서기 132년 유대인이 반란을 일으키자 안식일을 금지하는 칙령을 내렸다. 로마제국은 안식일을 지키는 기독교인도 유대인과 마찬가지로 박해를 가했다. 그러다 321년 콘스탄티누스 황제 때 로마제국에 안식일 개념이 처음 도입됐다. 콘스탄티누스 황제는 유대력에 기초한 기독교의 주 7일 제도와 로마의 일곱 행성 신들의 이름을 혼합하여 요일 이름을 정했다. 그리고 태양신의 날Sunday을 일주일의 첫째 날로 정해 휴일로 선포했다. 이를 통해 로마제국의 2대 종교, 곧 태양신 아폴로를 숭배하는 신도와 기독교도를 묶어 단일 종교로 합치려는 야심찬 종교 정책을 시도했다. 그 뒤 325년 니케아 종교회의에서 태양신의 날인 일요일을 예수 부활절로 의결한 이후 교회도 이날에 예배를 보도록 했다.

6세기경에 만들어진 이슬람교는 처음에는 유대교를 존중해 두 종교를 합치려고 노력했다. 그래서 예루살렘을 향해 기도하며 안식일을 지켰다. 그러다 유대인이 무함마드의 이슬람교를 받아들이지 않자 무함마드도 유대교를 배척했다. 그간 예루살렘을 향한 기도도 방향을 메카로 바꾸고 예배일도 금요일로 옮겼다.

사제는 유대교와 이슬람교에는 없고 기독교만 있다

세 종교의 또 다른 차이는 사제의 유무다. 유대교와 이슬람교는 사제가 없다. 하느님과 평신도가 직접 소통하는 것이다. 유대교에 '랍비'가 있고 이슬람교에 '이맘'이 있지만 사제가 아니라 평신도다. 유대교 랍비의 경우 율법 공부를 많이 했기 때문에 예배의 모범을 보일 뿐이다. 유대교는 랍비뿐만 아니라 평신도도 강론한다. 유대

이슬람의 이맘과 유대교의 랍비. 이맘과 랍비는 사제가 아니라 평신도다.

교를 본떠 만든 이슬람교 역시 사제가 없다. 이슬람교는 신과 인간 사이에 어떠한 중간 매체도 두지 않으며 인간과 신의 직선적 관계를 중시한다. 이맘은 예배를 인도하는 사람으로 젊은이, 무식자, 걸인 등 누구나 될 수 있다. 이맘 지위를 취득하기 위해 특별 교육 과정이나 안수식 같은 의식을 거치치 않아도 된다. 무슬림은 모두 신 앞에 평등하다. 신 앞에 절대 복종해야 하는 동등한 지위다. 이처럼 이슬람교는 절대적 평등주의를 내세운다.

반면 가톨릭은 하느님과 평신도 사이에 신부, 곧 사제가 있다. 사제는 '신과 인간의 중개인'을 의미한다. 예수는 베드로에게 "네가 무엇이든지 땅에서 매면 하늘에서도 매일 것이요, 땅에서 풀면 하늘에서도 풀릴 것이라."(「마태복음」 16:19)라고 말했다. 베드로가 초대 교황으로 추앙받는 이유다. 현재 가톨릭에서 고해성사를 통해

'죄사함'을 받는 것도 같은 맥락이다.

　유대교에 원래부터 사제가 없었던 것은 아니다. 모세의 형 아론에서 시작된 제사장 혈통이 있었는데 중간에 없어졌다. 서기 70년경 로마제국이 예루살렘을 정복하는 과정에서 사두개파를 멸족시켜 사제직 혈통이 없어졌다. 그 뒤 평신도가 유대교를 지켜왔다. 이후 종교개혁으로 로마가톨릭에서 개신교가 갈라져 나오면서 많은 것이 바뀌었다. 루터가 주장한 '만인제사장설'은 누구나 하느님께 직접 예배하고 교통할 수 있다는 개신교 교리다. 『신약성서』에서 사제는 예수 하나뿐이라고 말하므로 개신교는 성직자가 존재하지 않는다고 주장한다.

　하지만 개신교 교회는 신학 교육을 받은 전문인이 설교해야 한다는 이유로 특별한 경우 이외에는 평신도에게 설교를 허락하지 않는다.

천사는 유대교, 기독교, 이슬람교, 불교, 조로아스터교에도 있다

천사는 유대교, 기독교, 이슬람교뿐만 아니라 불교와 조로아스터교에도 존재한다. 유대교에서 천사는 하느님께서 불로 창조한 영적 존재다. 천사는 신과 인간의 중개자로 천사라는 말 자체가 히브리어로 '심부름꾼'을 뜻한다. 천사는 신의 뜻을 인간에게, 인간의 기원祈願을 신에게 전한다. 『구약』 창세기에서 천사는 여호와의 명령을 전달하며 여호와를 대신해 여호와의 이름으로 말하고 행동한

구스타프 도레가 1855년에 그린 「천사와 레슬링하는 야곱」. 유대교, 기독교, 이슬람교에서는 천사와 악마를 영적 존재로 소개한다. 천사는 신과 인간을 중개하는 심부름꾼이고 악마(사탄)는 하느님을 배반한 천사라고 말한다. (출처: 위키피디아)

다. 아브라함과 이삭과 야곱을 지켜주고 「출애굽기」에서는 홍해를 건너는 유대인들을 보호하기도 한다.

악마도 있다. 히브리어 단어 '사탄'은 구약에서 스물일곱 번 나타난다. 일부 천사들은 감히 창조주처럼 자신들이 강해질 수 있다고 생각했다. 급기야 루시퍼를 비롯한 많은 천사가 하느님을 배반하여 선한 천사와 악한 천사로 나뉘게 됐다. 악한 천사가 바로 사탄이다. 천사에 해당하는 그리스어는 '앙겔로스'다. 이 말에는 신에게서 파견된 사제, 예언자라는 뜻이 있다. 기독교에서 천사는 지혜롭고 능력이 뛰어난 영靈으로 신에게 봉사하며 인간을 수호한다. 각 사람에게는 수호천사가 있어서 그 사람이 인생의 최고 목표인 천국에 갈 수 있도록 선행을 권하고 악을 피하게 해준다.

이슬람교의 천사 역시 인간을 섬기도록 만들어졌다. 알라가 인간을 창조하고 천사들에게 말하기를 "머리를 조아리고 인간을 경배하라. 내가 인간에게 나의 생기를 불어넣었음이라."라고 했다. 곧 인간에게는 신성이 있다는 뜻이다.

유대인, 기독교, 이슬람교가 포용해야 인류가 융성한다

역사를 보면 정치건 사상이건 서로 관용하고 포용하면 융성했고 서로 반목하고 대립하면 어김없이 쇠퇴했다. 종교도 마찬가지였다. 역사에서 유대교, 기독교, 이슬람교가 서로를 인정하고 평화롭게 살았던 시기는 융성의 시기였다. 이베리아반도의 코르도바와 톨레도는 세 종교가 공존했던 대표적 도시다. 지금도 톨레도에 가면 당시 유대교 회당인 시나고그, 가톨릭 성당, 이슬람 사원인 모스크를 함께 볼 수 있다.

절대적 진리를 강조하는 근본주의(교조주의)가 발흥하여 "나만 옳고 너희는 틀렸다."라며 '개종 아니면 목숨'을 강요한 사회는 쇠

모세가 십계명을 이스라엘 백성에게 보여주는 장면을 묘사한 그림. 모세가 시나이 산에서 받은 십계명은 하나다. 모세 율법의 핵심이다. 그러나 유대교, 가톨릭, 개신교는 십계명이 약간씩 다르다. (출처: 위키피디아)

퇴했다. 12세기 북부 아프리카에서 발흥해 이베리아반도를 침공한 이슬람교 근본주의, 11~13세기 가톨릭 교황이 주도했던 십자군 전쟁이 그랬다.

높은 산을 오르는 길은 여러 갈래가 있다. 하느님께 가는 길도 이와 같지 않을까? 틀린 길이 아니라 서로 다른 길이다. 종교마다 올바르게 사는 길을 다른 이름으로 부른다. 이를 유대교는 '율법', 기독교는 '복음', 이슬람교는 '쿠란', 불교는 '다르마', 힌두교는 '요가', 도교는 '도'라 부른다.

프란치스코 교황은 무신론자인 한 언론인이 '신을 믿지 않거나 믿음을 추구하지 않는 사람들을 신이 용서할지'를 물었을 때 "신의 자비는 한계가 없으며 신앙이 없으면 양심에 따라 행동하면 된다."라고 답했다. 교황조차 하느님께서는 무신론자에게도 자비를 베푸신다고 답한 것이다. 하물며 하느님을 믿는 종교인에게야 말해 무엇하랴. 이제 세 종교는 서로 다름을 이해하고 포용의 관용성을 보여야 한다. 반목과 대립을 끝내고 서로를 인정하고 평화를 모색해야 한다.

[더 읽을거리]
십계명도 유대교와 기독교와 가톨릭이 약간 다르다

모세가 시나이산에서 받은 십계명은 하나다. 모세 율법의 핵심이다. 그러나 유대교, 가톨릭, 개신교는 십계명이 약간씩 다르다. 특히 가톨릭과 개신교의 십계명이 다르다. 왜 그럴까? 1세기경 유대인 철학자 팔론이 정리한 모세 십계명에서 제2항은 '너는 위로 하늘에 있는 것이든, 아래로 땅 위에 있는 것이든, 땅 아래로 물속에 있는 것이든 그 모습을 본뜬 어떤 신상도 만들어서는 안 된다. 너는 그것들에게 경배하거나, 그것들을 섬기지 못한다'였다.

그런데 동방정교회와 로마가톨릭 사이에 우상숭배 논란이 일어 5세기에 성 어거스틴과 몇몇 가톨릭 교부들이 '우상을 숭배하지 말라'는 제2항을 아예 삭제했다. 이렇게 고치고 나니 10계명이 9계명으로 줄었다. 그러자 그들은 '이웃의 집을 탐내서는 안 된다. 네 이웃의 아내나 남종이나 여종이나 소나 나귀나 소유 중 아무것도 탐내서는 안 된다'는 제10항의 내용을 임의로 둘로 쪼개어 10계명으로 만들었다. 이렇게 탄생한 게 가톨릭의 십계명이다. 반면 종교개혁 이후 개신교는 다시 원래의 모세 십계명으로 회귀했다. 그래서 지금도 가톨릭과 개신교의 십계명이 약간 다르다.

하느님의 형상을 찾아 자신을 발전시킨다

유대교, 이슬람교, 기독교는 구원관이 다르다

이슬람교만큼 빠르게 성장한 종교는 없었다. 지금도 이슬람교의 증가 속도는 가파르다. 613년 무함마드는 유대교와 기독교의 장점을 따서 이슬람교를 만들었다. 무함마드는 유대인 디아스포라 공동체와 똑같은 유형의 '움마 공동체'를 만들어 어려운 시기를 이겨내고 세력을 확장할 수 있었다. 움마 공동체는 '형제애와 평등사상'을 지향한다. 이는 유대인 공동체의 체다카(약자를 돌봄)와 미슈파트(하늘 아래 모든 사람은 평등함)와 동일하다.

이처럼 움마의 중심에는 혈연보다도 강한 무슬림(이슬람교도)의 '형제애'와 성별, 인종, 계급을 초월한 '평등사상'이 자리잡고 있다. 움마 공동체는 사막 사회에 뿌리 깊었던 남존여비의 차별을 하지 않고 마지막 한 톨까지 나눠 먹는 정신으로 전폭적인 지지를 얻었다. 게다가 유대인의 공동체는 배타적이지만 움마 공동체는 개

독일 화가 루카스 크라나흐가 그린 「에덴동산」. 기독교는 아담과 이브가 하느님께서 금지한 선악과를 따 먹은 것을 '원죄'라 한다. 이 원죄는 십자가 보혈로 대속代贖한 예수를 믿으면 용서를 받을 수 있다고 한다. 반면 이슬람교에는 원죄 사상 자체가 없다. 아담이 하느님의 용서를 받았기에 그의 자손에게 원죄란 있을 수 없다는 것이다. 이에 비해 유대교는 아담과 이브의 불순종이 죄라는 것은 인정하지만 이 죄가 후손 대대로 이어져 내려오지 않는 것으로 본다. 유대교, 기독교, 이슬람교는 한 뿌리에서 비롯됐지만 원죄에 대해 다른 관점을 갖고 있다. (출처: 위키피디아)

방적이었다. 믿음만 있으면 누구나 공동체의 일원이 될 수 있었다. "알라 이외에 다른 신은 없고 무함마드는 알라의 선지자다."라고 암송하는 순간 누구나 형제가 되고 움마의 구성원이 됐다. 이를 반긴 건 사회적 약자인 힘 없는 서민과 소외 계층이었다.

사막의 척박한 환경 속에 아랍 부족들은 툭하면 이웃 부족을 약탈하거나 전쟁을 벌였다. 그런 호전적인 부족들을 하나로 묶어 움마 공동체로 만든 게 무함마드였다. 공동체 정신이 이들을 순한 양으로 변모시켜 움마는 이슬람교의 원형이 된다. 이슬람교는 단순한 종교가 아니라 신정일치神政—致의 총체적 사회 시스템이 됐다. 움

유대교와 기독교 등 세 종교 간 대표적 차이는 '구원에 대한 견해'다. 기독교는 인간의 죄가 십자가의 피로 속죄한 예수를 믿음으로써 구원된다고 가르친다. 반면 유대교는 율법을 실천하고 선행하면 구원된다고 생각한다. 무슬림도 선하고 바른 행동을 하면 천국에 갈 수 있다고 믿는다.

마는 형제애로 똘똘 뭉친 신앙 공동체이자 이슬람교 메시지를 전파하는 사명을 지닌 신도 공동체란 의미로 사용됐다. 움마 공동체와 신정일치의 강한 종교적 지도력이 이슬람교 성장의 비결이다.

유대교는 율법 준수, 기독교는 믿음, 이슬람교는 행위로 구원받는다

이처럼 교세를 키워가는 이슬람교와 이 종교의 모태인 유대교와 기독교 등 세 종교 간 대표적 차이는 '구원에 대한 견해'다. 기독교는 인간의 죄가 십자가의 피로 속죄한 예수를 믿음으로써 구원된다고 가르친다. 반면 유대교는 율법을 실천하고 선행하면 구원된다고 생각한다. 무슬림도 선하고 바른 행동을 하면 천국에 갈 수 있다고 믿

2019년 2월 24일 사우디아라비아 메카인 카바성전에 모인 이슬람 순례자들. 이슬람교는 라마단 금식과 성지 순례 등 '실천적 다섯 기둥'이라 불리는 종교적 의무들을 지키면 구원된다고 믿는다. 선한 행동을 하면 천국에 갈 수 있다는 것이다.

는다. 그래서 이들은 '실천적 다섯 기둥(아르칸)'이라 불리는 종교적 의무 '5행行'을 철저히 지키고 있다. 이는 '알라 이외에 다른 신은 없고 무함마드는 그의 선지자다.'라는 신조를 암송하고, 매일 메카를 향해 하루 다섯 번 기도하고, 가난한 자를 위해 자선을 베풀고, 라마단 기간 중 금식을 하고, 평생 한 번 이상 성지 순례를 하는 것이다. 정리하면, 유대교는 율법의 실천에 의한 구원, 기독교는 믿음에 의한 구원, 이슬람교는 행위에 의한 구원을 강조한다.

이렇게 된 밑바탕에는 당시 시대상이 반영돼 있다. 아브라함으로부터 시작해 모세에 이르기까지 유대교가 창시되던 시대는 다신교의 우상숭배가 일상적이었으며 삶의 방향이나 지침이 없는 무질서한 사회였다. 그래서 하느님께서는 유대인을 선택해 올바른 삶을 위한 크고 작은 것들을 자세히 가르쳐주셨다. 그것이 곧 613개

1791년에 그려진 그림. 대천사 미카엘이 아담과 이브를 에덴동산에서 추방하고 있다.

성문율법과 구전율법이었다.

그러던 것이 유대교가 정착돼 가는 과정에서 엄격한 안식일 준수 등 율법에 지나치게 얽매이다 보니 율법의 본질보다는 형식이 더 우선됐다. 이를 바로잡은 분이 예수라는 것이 기독교의 주장이다. 이 과정에서 율법을 지킴으로써 구원받는 게 아니라 새로운 복음으로서 하느님의 아들인 예수를 믿음으로써 구원받는다고 가르쳤다.

반면 기독교보다 600년 뒤에 탄생한 이슬람교는 유대교와 기독교가 『성경』을 자기들 입맛대로 변질하고 타락시켜 신이 마지막 선지자 무함마드에게 하늘에 있는 『성경』 원본을 다시 내려주었다고 믿는다. 그래서 이슬람교 교리는 다시는 왜곡되거나 타락하지 않도록 단순하고 명료하게 정립됐다. 이슬람교 교리는 '6신信 5행行'이라고도 불리는 '이만'(6가지 종교적 신앙)과 '이바다'(5가지 종교적 의무)를 기본으로 한다. 이슬람교는 신앙생활을 지탱하는 이 5가지 종교적 의무를 행동으로 보이는 것이 가장 중요하다고 가르친다. 이것이 이슬람교가 '행위에 의한 구원'을 강조하는 이유다.

원죄는 유대교와 이슬람에는 없고 기독교에만 있다

세 종교의 원죄原罪 사상도 다르다. 기독교는 아담과 이브가 하느님께서 금지한 선악과를 따 먹은 것을 '원죄'라 한다. 이 죄가 하도 무거워 자손 대대로 전해 내려온다는 것이 '원죄 사상'이다. 선악과란 '선악을 분별하게 하는 지혜'를 주는 과일이다. 이에 하느님께서는 '이제 사람들이 우리처럼 선과 악을 알게 되었으니 끝없이 살게 해서는 안 되겠다.'라고 생각하고 에덴동산에서 아담과 이브를 내쫓았다. 다만 기독교에서는 예수가 우리의 죄를 대신해 십자가 보혈로 대속했기 때문에 믿으면 원죄에서 벗어난다고 가르친다.

그러나 이슬람교는 원죄 사상 자체가 없다. 기독교와 이슬람교의 가장 커다란 차이점 중 하나가 '대속代贖 사상'이다. 이슬람교는 예수가 십자가에 못박혀 죽음으로써 인류의 죄를 대신 씻어 구원했다는 대속 개념이 존재하지 않는다. 아담 사건을 통해 대속에 대한 이슬람교의 관점을 살펴볼 수 있다. 하느님께서 선악과를 먹은 아담을 크게 꾸짖으시자 아담은 "저희들을 용서하시고 자비를 베풀지 않으신다면 실로 저희들은 잃어버린 자가 될 것입니다."라며 용서를 청했다. 이에 하느님께서는 아담을 용서하셨다. 이처럼 아담은 그의 죄를 용서받음에 있어 제삼자가 필요치 않았다. 이슬람교는 아담이 용서받았기에 그의 자손에게 원죄란 있을 수 없다고 한다.

반면 유대교는 아담과 이브의 불순종 죄는 인정한다. 그러나 이 죄가 후손 대대로 이어져 내려온다는 원죄 사상은 없다. 그들은 과거에 얽매이지 않는다. 유대인에게 죄란 과거에 구속되지 않고 현재에 구속된다. 유대교에선 현재에 충실하지 않는 삶이 죄다. 하느님의 뜻을 거스르는 삶이 죄다. 아담과 이브가 하느님께 불순종한 것이 죄가 아니라 오늘을 사는 내가 하느님께 불순종하는 것이 죄인 것이다.

인간은 하느님의 형상대로 지음받았기에 하느님께서 인간에게 거는 기대가 있다. 그래서 유대교는 하느님의 자녀로서 합당한 삶을 살지 않는 것이 죄다. 주어진 가능성에 최선을 다하지 않는 '게으름'과 '무능력'이 죄다. 자신의 미래에 대한 가능성을 믿지 않고 자기계발을 게을리하는 사람은 하느님께 죄를 짓는 것이다. 하느님이 주신 자기 안의 달란트(재능)를 찾아내 힘을 다해 이를 키워나가지 않아 무능력한 사람이 되는 것이 하느님께 죄를 짓는 것이다. 따라서 유대인에게 신앙이란 자신에게 내재한 하느님의 형상을 찾아 자신을 발전시켜 나가는 노력이다.

르네상스 시대 화가 피에트로 페루지노가 그린 그림. 십자가에 못 박힌 예수. 기독교에서는 인간의 죄를 대신 짊어진 예수가 구세주다. 반면 이슬람교에는 '구세주'라는 중재자가 없다.
(출처: 위키피디아)

[더 읽을거리]
구세주는 유대교와 기독교에 있고 이슬람교에는 없다

유대인은 2,500년 전부터 두 가지 희망 속에 살고 있다. 첫 번째는 구세주가 나타나는 것이고 두 번째는 그 구세주가 가져올 '올람 하바' 세상이다. '지금 시대'는 히브리어로 '올람 하제'이며 '장차 다가올 세상'은 '올람 하바'다. '올람'이라는 말은 시공을 초월한 개념이다. 과거와 현재와 미래를 같은 선상에 있는 것으로 보는 것이다.

유대인은 모세가 하느님께로부터 율법을 받을 때 그들의 영혼이 모두 모세와 같이 있었다고 믿는다. 그들이 과거의 역사를 중히 여기는 이유다. 마찬가지로 '올람'은 어떤 일이 내일로 계속 이어질 경우 지금을 말하면서 또한 미래, 곧 영원을 말하기도 한다. 이 세상 삶이 끝이 아니라 이 세상은 주님이 오실 그날과 연결돼 있다는

모세가 하느님께로부터 율법을 받을 때.

것이다. 이렇게 유대인은 과거가 살아 숨쉬는 '올람 하제'를 살면서 동시에 미래에 다가올 '올람 하바'의 시간을 살고 있다.

반면 개혁파 유대교는 어느 날 홀연히 출현하는 구세주가 아니라 유대인 하나하나, 곧 유대 민족 전체가 하느님의 일을 거들어 이 세상을 바람직한 모습으로 바꿔나가야 한다고 믿는다. 기독교는 예수를 구세주로 보고 있다. 초림 메시아는 십자가에 못박혀 죽었으며 사흘 만에 부활하여 40일 동안 이 땅에 머물다가 승천하셨다. 그리고 때가 되면 재림 구세주로 다시 이 땅에 오신다고 한다. 이슬람교는 '구세주'란 중재자가 없다. 누구나 알라를 믿고 선행을 쌓으며 진실로 자신의 죄를 회개하면 천국에 갈 수 있다고 가르친다.

모세가 홍해를 가를 때.

출애굽 때 광야에서의 고난을
되새기고 감사한다

초막절은 한민족 최대 명절 추석과 비슷하다

추석 연휴마다 고향을 찾는 민족 대이동이 시작된다. 많은 사람이 조상을 기려 차례를 지내고 성묘길에 오른다. 우리 조상들은 추석에는 햅쌀로 밥을 짓고 술을 빚으며 송편을 만들어 제사상에 올렸다. 저녁에는 마을 사람들이 모두 모여 돼지를 잡아 천지신명께 올리며 추수 감사 제사를 지냈다. 그리고 한바탕 신명나게 놀았다.

그런데 우리와 비슷한 풍습을 지키는 민족이 있다. 유대인이다. 그들의 초막절이 추석과 아주 흡사하다. 성인 남자들은 초막절에 예루살렘을 방문해 조상의 묘를 찾아뵙고 성전에서 예물을 제사에 바쳤다. 이때 여호와께 빈손으로 나아가지 않고 성의껏 예물을 드렸다. 이것이 매년 한 번씩 조상과 고향을 찾는 전통이 되었다.

"여러분은 모든 곡식을 타작하고 포도즙을 짜서 저장한 후에 7일 동안 초막절을 지키십시오. 여러분은 지정된 예배처에서 7일 동안

유대인의 명절 초막절은 추석과 아주 비슷하다. 고향을 떠난 이들이 모처럼 한자리에 모여 수확한 곡물로 제사를 지내고 춤과 노래로 흥을 돋우며 가난한 이웃들을 위해 베푼다. 두 민족은 전통적으로 음력을 지켜왔다는 공통점도 있다. 초막절 전날 휴일 바자(위), 초막절에 통곡의 벽에서 기도(아래).

이 명절을 지키면서 여러분의 하느님 여호와께서 여러분의 농사와 여러분이 하는 모든 일에 복을 주신 것을 감사하고 기뻐하십시오." (「신명기」 16:13~15)

초막절 기간에 유대인은 집 마당이나 베란다 또는 시나고그(회당) 앞뜰에 초막을 짓고 온 가족이 그곳에서 먹고 자며 7일을 보낸다. 그러다 보니 아이들이 좋아한다. 그들은 초막 지붕을 종려나무 가지로 얼기설기 만들어 밤에 별을 볼 수 있게 했다. 이는 그들 조상이 광야에서 장막을 치고 살았던 고난의 40년을 기억하기 위함이다. 8일째에는 함께 모여 성회를 마치고 난 뒤 초막을 헐고 집으로 돌아간다. 다만 이스라엘에 사는 유대인은 『성경』이 지시하는 날짜대로 절기를 지키지만 외국에 사는 유대인은 3대 절기를 하루씩 더 길게 지킨다. 이는 달력이 불분명하던 시절에 생긴 관습이다. 만약 달력이 부정확해 절기를 어기면 안 되기 때문이다.

초막절에는 두 가지 의미가 있다. 첫째, 그들의 조상이 애굽(이집트)을 탈출해 시나이 광야에서 보낸 40년의 고난 시기를 되새기는 시간이다. 그래서 조상들이 광야 생활에서 쳤던 장막의 형태로 초막을 짓는다. 「레위기」 23장 43절에 "이는 내가 이스라엘 자손을 애굽 땅에서 인도하여 내던 때에 초막에 거하게 한 줄을 너희 대대로 알게 하려 함이니라."라고 쓰여 있다.

둘째, 여호와의 보호로 약속의 땅에 도착해 농사짓고 추수할 수 있도록 살펴주신 은혜에 감사하는 시간이다. 40년의 광야의 고난 가운데서도 여호와께서는 매일 만나라는 먹거리를 내려주시고, 낮에는 구름 기둥으로 뜨거운 햇빛을 가려주시고, 밤에는 불기둥으로 사막의 차가운 날씨를 덥혀주셨다. 「신명기」 29장 5절을 보면 "주께서 사십 년 동안 너희를 광야에서 인도하게 하셨거니와, 너희 몸의 옷이 낡아지지 아니하였고, 너희 발의 신이 해지지 아니하였으며"라는 말씀처럼 정말 놀라운 기적으로 그들을 보살피셨다.

사실 초막절뿐만 아니라 유대인의 3대 절기, 곧 유월절(애굽 탈

초막절 기간에 집 마당이나 회당 앞에 설치하는 작은 초막. 조상이 광야에서 장막을 치고 살았던 고난의 40년을 기억하기 위함이다.

출을 기리는 절기), 칠칠절(모세가 시나이산에서 십계명과 율법을 받으면서 제정된 절기), 초막절(광야 40년 생활을 기리는 절기)은 모두 조상의 고난을 되새기는 시간이다. 동시에 3대 절기는 모두 감사절이기도 하다. 유대인은 1년에 세 번 추수한다. 유월절(무교절)에는 추수한 첫 보리로, 칠칠절(맥추절)에는 첫 밀로, 초막절(수장절)에는 첫 포도와 올리브, 무화과, 대추야자, 석류 등 과일로 제사를 드린다. 세 절기 모두 추수 감사의 의미를 갖고 있다.

한민족처럼 함께 춤추는 것을 좋아한다

한민족과 유대인은 모두 달을 중심으로 하는 음력을 세는 민족이다. 「창세기」 1장에 보면 하느님께서 천지창조 첫날에 "저녁이 되

초막절 행사는 저녁에 일곱 가지 촛대의 촛불로 성전을 밝히는 일로 시작하여 그 아래에서 함께 횃불 춤을 추었다.

며 아침이 되니 이는 첫째 날이니라."라고 말씀하셨다. 그래서 유대인의 하루는 달이 뜨는 저녁에 시작해 다음 날 해 떨어질 때 끝난다. 안식일이 금요일 저녁에 시작해 토요일 저녁에 끝나는 이유다. 다만 여호와께서 절기를 지키라 명하셔서 유대인은 음력을 지키면서도 태양의 절기를 맞추기 위해 19년 사이에 윤달을 일곱 번 끼워 넣음으로써 이를 해결했다. 이를 '태음태양력'이라 부른다.

 달을 중심으로 생활하다 보니 유대인에게는 하루가 시작되는 저녁이 중요했다. 초막절 행사는 저녁에 일곱 가지 촛대의 촛불로 성전을 밝히는 일로 시작하여 그 아래에서 함께 횃불 춤을 추었다. 여자들이 「시편」 노래를 한 곡씩 부르며 계단을 내려가는 15계단 춤놀이를 즐겼다. 유대인은 공동체를 중시하다 보니 함께 모여 춤추는 걸 좋아한다. 이런 행사가 7일 동안 밤을 지새우며 계속됐다.

 서로 돌아가며 농사일을 돕는 두레와 품앗이 등 공동체 정신이 강했던 한민족도 함께 모여 춤추는 데는 그 누구에게도 지지 않았다. 추석날 저녁에 마을 잔치를 벌이며 달맞이 놀이를 함께하고 보름달 아래서 횃불 놀이도 했다. 부녀자들이 손을 잡고 빙글빙글 도는 강강술래를 했다. 처음에는 느린 가락으로 노래를 부르며 춤을 추다가 차츰 빨라져 경쾌하게 추며 흥을 돋우었다. 이렇게 대부분 단체 놀이는 저녁에 주로 이루어졌다. 그래서 추석이 가을 추秋 자와 저녁 석夕 자로 이름 지어진 모양이다.

이웃을 위한 나눔 전통이 곳곳에 남아 있다

「레위기」 23장 22절에서 "너희 땅의 곡물을 벨 때에 밭모퉁이까지 다 베지 말며 떨어진 것을 줍지 말고 그것을 가난한 자와 거류민을 위하여 남겨두라. 나는 너희의 하느님 여호와이니라."라고 쓰여 있다. 또 「신명기」 16장 14절에는 "절기를 지킬 때는 너와 네 자녀와 노비와 네 성 중에 거주하는 레위인과 객과 고아와 과부가 함께 즐거워하되."라고 기록하고 있다.

이웃을 위한 나눔이 초막절을 빛나게 했다. 이러한 나눔 전통은 오늘날에도 곳곳에 남아 있다. 일례로 안식일이 시작되는 금요일 오후에는 유대 상점들이 일찍 문을 닫으며 가난한 사람들을 위해 상품을 봉투에 싸서 가게 앞에 내어놓는 풍습이 있다.

우리 조상들도 추석에는 잔치를 베풀어 어려운 이웃들은 물론 거지들도 실컷 먹게 했다. 당시 빈자들을 위해 만든 떡인 빈자떡이 오늘날의 빈대떡이 되었다는 설이 있을 정도다. "더도 말고 덜도 말고 늘 한가위만 같아라."라는 나눔의 정이 깊이 배어 있는 속담이 유래된 이유다. 이러한 '정情' 개념을 이해하는 건 두 민족뿐이

이탈리아 화가 그레고리오 라차리니의 그림. 모세가 이끌던 유대인들의 광야 생활을 담고 있다. 광야에서 보낸 시련의 40년은 오늘날 초막절의 기원이 되었다.

라고 한다. 영어에는 정을 뜻하는 단어가 없다. 그러나 히브리어에는 유사한 개념이 있다. '라하마누트'라는 단어는 타인이 느끼는 고통을 마치 형제자매의 일처럼 공감하고 아파하는 감정이다.

추석과 초막절은 달력상 날짜는 다르지만 절기상 날짜는 동일하다. 초막절은 유대력으로 7월 15일이다. 이 날짜가 음력 8월 15일의 추석과 같은 시기다. 유대력이 우리 음력보다 한 달 늦기 때문이다. 그래서 추석과 초막절은 날짜가 일치한다. 다만 어느 한쪽에 윤년이 들어 있는 해에만 한 달 차이가 난다. 2022년이 그런 해였다. 2022년에 우리의 추석은 9월 10일로 추석 연휴가 9일에 시작하여 12일까지였으나 초막절은 10월 10일에 첫날이 시작하여 17일까지 계속됐다. 추석이 한민족 최대 명절이듯 초막절 역시 유대 민족 최대 명절이다.

[더 읽을거리]

초막절 마지막 날에는 『토라』 완독을 기념한다

초막절의 마지막 날인 제8일(티슈리월 22일)은 히브리어로 '심카 토라'라 부른다. '토라의 기쁨'이라는 뜻이다. 『토라』는 『구약성서』의 도입부 다섯 편을 뜻한다. 모세가 썼다고 하여 '모세 5경'이라고도 부른다. 이날은 『토라』 전체를 1년 동안 완독했음을 기념하는 날로 초막절의 대미를 장식한다.

이날 저녁과 다음 날 아침에 1년 중 가장 엄숙한 회당 예식이 거행된다. 저녁 예배가 끝나면 『토라』 두루마리를 궤에서 꺼내어 들고 회당 주변을 일곱 번 이상 행진한다. 이날은 성인식을 치르지 않은 13세 이하 어린이들도 행진에 참여해 깃발을 들고 노래를 부른다. 행진이 끝나면 춤과 노래를 즐기는 축제가 벌어진다.

다음 날 아침 예배에서 『토라』의 마지막 편인 「신명기」 마지막 장을 읽은 뒤 곧바로 「창세기」 첫 장을 읽는다. 이로써 유대인은 『토라』의 연속성이 계승됐다고 믿는다.

예루살렘 성전을 되찾은 날을 잊지 않는다

백악관에서 하누카 기념일 행사를 한다

한국계 랍비 앤절라 북덜Angela Buchdahl은 2014년 12월 백악관에서 열린 하누카 행사에서 "우리 건국의 아버지들은 진정으로 종교의 자유와 모든 사람을 위한 평등한 기회의 나라를 건설하도록 영감을 주었다고 말하고 싶습니다. 그러나 2014년에 '아시아계 미국인 여성 랍비'가 '아프리카계 미국인 대통령'을 위해 백악관에서 메노라(촛대)에 불을 붙일 것이라고는 그들이 상상하지 못했을 것입니다."라는 말로 하누카 행사를 시작했다.

헬레니즘에 맞서 히브리즘을 지키다

하누카의 유래를 살펴보자. 유대 민족이 역사의 굽이굽이에서 마주쳤던 역경이 많았지만 그 가운데서도 모든 것을 마술처럼 그리

2010년 12월 미국 워싱턴D.C. 백악관에서 열린 연례 하누카 축하 행사에서 유대인 소년 벤 레티크가 촛대에 불을 붙이는 모습을 버락 오바마 당시 대통령(오른쪽에서 둘째)과 미셸 오바마 여사(오른쪽에서 셋째), 조 바이든 당시 부통령(맨 오른쪽)이 나란히 서서 지켜보고 있다. 촛대에 불을 붙이는 의식은 하누카 풍습에서 가장 중요한 절차로 꼽힌다. 백악관은 해마다 대통령이 직접 참석하는 하누카 축하 행사를 개최해왔다. (출처: 미국 백악관)

스 문화에 동화시켰던 헬레니즘의 거센 바람 앞에 히브리즘을 지켜내는 일은 정말 힘들었다.

　기원전 333년 알렉산더 대왕이 페르시아의 속국인 유다를 정복했다. 그 일이 있고 나서 10년 뒤 알렉산더 대왕이 열병에 걸려 33세의 젊은 나이로 죽자 지휘관들은 제국을 셋으로 분할해 통치했다. 그리스 본토 마케도니아를 차지한 안티고노스 왕국, 이집트 방면에 프톨레마이오스 왕국, 페르시아 중심지에 들어선 셀레우코스 왕국으로 제국은 나뉘었다. 그 뒤 더 분열됐도 했지만 크게 프톨레마이오스와 셀레우코스의 양강 구도가 정착됐다. 프톨레마이오스는 이집트 알렉산드리아를 수도로 삼은 후 유다를 점령해 자치령으로 삼았다.

　알렉산더 대왕의 유다 점령은 짧은 기간이었지만 유대인은 헬레

유대인 명절 하누카를 상징하는 촛대 '메노라'. 가운데 기다란 촛불 양옆으로 여덟 개의 촛대가 있는 것은 예루살렘 탈환을 기념해 신전에 밝힌 등불이 8일간 타올랐다는 데서 유래한 것이다.

니즘 문화에 충격을 받았다. 기원전 300년에 이르러서는 헬레니즘 제국 내 유대인들이 우수한 헬레니즘 문화에 푹 빠져 벌써 헬라(그리스) 사람이 다 되어 있었다. 그들에게 히브리어는 외국어나 다름

오리 셔먼의 「하누카 이야기」. 기원전 164년 12월 유다 마카베오는 예루살렘을 점령하고 성전을 탈환한 후 정화 의식을 했다. 하누카의 기원이다. (출처: 캘리포니아대학교 소장)

없었다. 『성경』을 못 읽는 유대 젊은이들이 많아 민족의 정체성을 유지하기 힘들었다. 이때는 유다 왕국이 멸망한 지 이미 300년이 훨씬 지났을 때다. 유대인은 나라 없는 백성으로 여러 나라에 흩어져 살고 있던 시기다. 이산 유대인은 생업 때문에 그리스어를 아주 자연스럽게 쓰고 있었다. 특히 젊은이들은 히브리어를 거의 잊어버리고 그리스어를 사용해 히브리어 『성경』을 읽을 수 없어 그리스어로 번역해야 할 필요가 생겼다.

이러한 위기를 맞아 이집트 알렉산드리아의 유대 원로들은 『토라』를 그리스어로 번역하기로 했다. 당시 상업과 무역 중심지인 알렉산드리아에 거주하는 유대인 수가 예루살렘보다 많았다. 지금의 뉴욕 격이었다. 이로써 『성경』을 그리스어로 번역하는 작업이 이루어졌다. 기원전 300년경에 만들어진 그리스어로 번역된 『구약성경』을 '70인역Septuagint'이라고 부른다. 최초의 번역 『성경』으로서 역사적 의의가 크다. 『구약성경』 순서도 재배치했다. 오늘날 우리가 읽고 있는 『구약성경』 순서도 70인역을 따르고 있다.

그 뒤 기원전 200년에는 셀레우코스가 창건한 시리아 왕국의 안티오코스 3세가 유다를 정복했다. 오랜 기간 지배한 두 왕조의 영향으로 헬레니즘 문화가 유대인들 사이에 널리 퍼졌다. 유대 지배층은 헬라어를 자유롭게 사용했고 부유층과 지식층 특히 사제 계급이 헬레니즘의 영향을 많이 받았다. 이에 대해 히브리즘을 지키고자 하는 율법학자들이 크게 반발했다. 그들은 『토라』와 유대교 생활 방식을 고수하며 헬레니즘에 맞서 '하시딤'이라는 보수적 유대교 경건주의자들과 함께 활약했다. 훗날 이들이 바리새파가 된다.

이후 헬라파에 반대하는 유대인들이 반란을 일으키자 안티오코스 3세는 예루살렘으로 진격해 1만여 명의 주민을 학살하고 반란을 진압했다. 그리고 예루살렘 근처에 시리아 병사들을 주둔시켜 자치권을 박탈하고 탄압 정책으로 돌아섰다. 왕은 차제에 여러 민족을 통합한 광대한 제국을 만들기 위해 종교를 통일하기로 했다. 그는 스스로 자신이 제우스의 현신이라고 주장하며 숭배를 강요했다.

먼저 유대교의 종교의식을 금지했다. 그 뒤 이교도를 예루살렘에 이주시켜 유대인과 피를 섞게 하는 혼혈 정책을 폈다. 그는 유대교 말살을 위한 칙령을 선포했다. 내용은 유대인의 안식일과 할례를 지키는 자는 사형에 처한다는 것이었다. 예루살렘 성전에 제우스 신상이 세워지고 율법이 금하는 돼지가 제물로 바쳐졌다. 이

폴란드 화가 알베르트 코웰 새들러가 1844년에 그림 그림.「셀레우코스 왕조에 맞서 싸운 마카베오 가문」

에 유대인의 거센 저항이 시작됐다.

기원전 166년 안티오코스 4세는 장대한 열병식을 벌여 그의 힘을 과시했다. 열병식에는 2만 명의 마케도니아군과 4만 6,000명의 보병이 참가했고 그 뒤를 기병 8,500명과 306기의 장갑 코끼리 부대가 뒤따랐다. 장관이었다. 그런데 그때 유대인의 반란이 시작된 것을 보면 유대인의 투쟁 정신 또한 놀라웠다. 유대인들은 마카베오 가문의 지도로 곳곳에서 승리를 거두고 마침내 예루살렘에서 제우스 신상을 파괴했다. 이것이 역사상 첫 종교전쟁이다.

유대인의 크리스마스라고 부른다

마카베오 5형제는 몇 번의 소규모 전투에서 왕의 토벌군을 물리쳤다. 그러자 왕은 군사령관 세론을 직접 보냈지만 이번에도 마카베오 형제들이 물리쳤다. 당시 왕은 페르시아와의 전쟁에 신경을 써야 할 형편이었지만 5형제 군대를 진압하기 위해 대규모 군대를 파견했다. 진압군은 보병 5,000명과 정예 기병 1,000명이었다. 이에 대항하는 마카베오 5형제의 병력은 3,000명에 불과했다. 그러나 이 전쟁에서도 예상을 깨고 마카베오 군대가 이겼다. 왕은 이듬해 다시 섬멸 작전에 나섰다. 이번에는 정예 보병 6만 명과 기병 5,000명을 동원했다. 1년 전보다 10배가 넘는 병력이었다. 이에 마카베오는 보병 1만 명으로 맞섰다. 용병 중심으로 편성된 진압군은 목숨 바쳐 싸우는 유대인들을 당해내지 못했다. 2년간의 끈질긴 싸움 끝에 기원전 164년에 결국 예루살렘을 함락시켜 유다는 독립을 쟁취했다.

이렇게 탄생한 것이 하스모니안 왕조다. 예루살렘은 이후 100년간 하스모니안 왕조에 의해 다스려졌다. 당시 반유대주의와 마카베오 가문의 반란은 『구약』 외경 「마카베오 상·하」에 나와 있다. 이들은 제우스 신상이 들어선 지 3년 반 만인 기원전 164년 12월에 성전을 정화하고 희생 제사를 부활했다. 이때 성전 반환을 기념하여 하루 분량의 올리브기름으로 예루살렘 신전에 등불을 켰다. 그런데 그 불이 8일 동안 계속되는 기적이 일어났다. 이를 하느님의 응답으로 여기고 '성전 봉헌일'이라는 명절을 만들어 매년 이 기간에 가정에서 8일 밤 동안 촛대의 촛불을 하루 하나씩 늘려가며 밤을 밝힌다. 그래서 이 축제를 '봉헌절' 또는 성전을 수리했다 하여 '수전절'이라 부른다. 유대인은 이를 '하누카'라 부른다. 백악관은 매년 유대인들을 불러 함께 하누카 행사를 하고 있다.

유대인의 성전 반환 전쟁 승리를 기념하는 하누카는 12월 하순이어서 기독교인은 하누카를 '유대인의 크리스마스'라고 부른다. 크리스마스 시즌에 '메리 크리스마스!'라고 인사하는 대신 '해피 홀리데이!'라고 인사말이 바뀐 것도 유대인을 의식한 배려다. 하누카 명절은 특히 유대인 아이들이 좋아한다. 부모와 조부모로부터 하누카 기간 8일 동안 매일 선물을 하나씩 받기 때문이다.

[더 읽을거리]
한국계 이민자가 뉴욕의 수석 랍비가 되다

　한국계 랍비 앤절라 북덜은 1972년 서울에서 이화여대 영문과 출신인 불교도 어머니와 미군 장교 출신 엔지니어인 유대인 아버지 사이에서 태어났다. 다섯 살 때 워싱턴주 타코마로 이주했다. 북덜은 예일대학교 종교학과를 나와 뉴욕 헤브루 유니언 칼리지에서 7년간 히브리 음악과 랍비를 공부했다. 1999년 유대교 예배에서 찬양을 이끄는 캔토어가 됐고 2년 뒤 랍비가 됐다. 그녀의 찬양 인도는 흥겨웠고 여러 파격을 시도했다. 영국 가수 스티브 윈우드의 히트곡 「더 높은 사랑」을 유대 찬송가와 혼합하는 등 전통적 찬양에 흥을 더했다. 그러면서도 예배의 엄숙함을 손상치 않았다. 무엇보다 신자들이 좋아했다.
　그녀가 뉴욕 '중앙 유대교 회당'에 부임한 이후 예배 참석자가

한국의 랍비인 앤절라 북덜. 2014년에 12월의 유대인 축제 행사에서 연사를 맡았다. 유대교 예배의 찬양을 이끄는 캔토어가 되어 여러 파격을 시도했다.
(출처: 앤절라 북덜 페이스북 영상캡처)

세 배로 늘었다. 중앙 유대교 회당의 신자가 되려는 대기 신자 수도 3,000명을 넘었다. 2013년에 신자들의 투표를 통해 뉴욕 중앙 유대교 회당의 수석 랍비가 됐다. 최초의 여성 수석 랍비이자 최초의 아시아계 수석 랍비가 된 것이다. 뉴욕 중앙 유대교 회당의 신자는 7,500명인데 북덜이 인도하는 찬양 예배는 온라인으로 더 인기가 있다. 2013년 속죄일에는 20만 명이 뉴욕 중앙 유대교 회당 화상 예배에 함께했다. 이젠 유대인도 특정 회당의 정식 교인이 되기보다는 자신의 취향에 맞는 예배를 보는 회당을 고르는 '부티크 유대교' 시대가 됐다. 그녀는 미국에서 가장 영향력 있는 랍비 다섯 명에 속한다.

유일신 신앙을 지키기 위해
반란을 일으키다

성지와 성전을 지키기 위해 목숨을 건다

헤롯 시대에 가나안 지역의 유대인 수는 약 240만 명 정도로 추정된다. 그 무렵 로마제국 전역에서 조사된 유대인 수는 694만 4,000명이었다. 이 수치는 서기 48년 클라우디우스 황제 때 한 인구조사에 근거한 것이다. 유대인은 로마제국 인구의 10퍼센트가 넘는 큰 민족이었다.

서기 66년 여름 예루살렘에서 대규모 반란이 일어났다. 로마 총독이 유대인들을 십자가에 처형하고 체납된 속주세를 받으려 예루살렘 성전에 처들어가 17탈렌트(화폐 단위)의 금화를 몰수한 것이 도화선이 됐다. 몰수 금액의 많고 적음이 문제가 아니라 신성한 성전을 더럽힌 행위에 분노하여 유대인이 들고일어났다. 폭동은 대규모 반란으로 발전했다. 유일신 신앙을 지키려는 신앙적 가치와의 충돌이 원인이었다. 예루살렘에서 로마 병사들이 참살당한 다

1차 유대-로마 전쟁 때인 서기 70년 로마의 총사령관 티투스가 이끄는 로마군은 예루살렘을 함락한 뒤 살육과 약탈을 했다. 성전 수장고에 숨어 있던 여자와 어린이 6,000명을 산 채로 불태웠다. 당시 가나안에 살던 유대인 240만 명 중 절반 가까운 110만 명이 살육당하거나 굶어죽었다. (출처: 위키피디아)

음 시리아 주재 로마군이 도착했으나 유대인의 거센 저항에 놀라 퇴각한 것이 결과적으로 패주로 이어지고 만다. 유대인은 예루살렘을 장악하고 갈릴리 전 지역을 손에 넣었다.

바리새파만 남고 다 전멸하고 사제 계급도 없어지다

당시 로마 황제는 네로였다. 예루살렘에서 로마군이 전멸하자 사태의 심각성을 인식하고 4개 군단을 투입하고 당대 최고 명장 베스파시아누스 장군을 총사령관으로 임명했다. 장군은 서두르지 않왔다. 먼저 해안 지대를 제압하고 예리코를 탈환한 다음 남쪽 쿰란 수도원을 파괴했다. 그리고 지방을 먼저 평정해 예루살렘을 고립무원의 상태로 만들었다. 베스파시아누스 장군은 전쟁 중인 69년 로마 황제로 추대됐고 아들 티투스(디도)를 후임 사령관으로 임명하고 로마로 떠났다.

이듬해 봄 티투스는 예루살렘 탈환을 개시했다. 유대 병력 2만 3,000명에 비해 8만 명이 넘는 로마의 월등한 군사력에도 불구하고 전쟁 양상은 치열했다. 티투스는 부하들에게 예루살렘 성전은 파괴하지 말라고 했으나 전쟁 중 방화로 소실됐다. 함락된 예루살렘 성안에서는 무차별적으로 살육과 약탈이 자행됐다. 성전 수장고에 숨어 있던 여자와 어린이 6,000명을 산 채로 불태웠다. 전쟁의 참상은 처절했다. 가나안에 살던 유대인 240만 명 가운데 절반 가까운 110만 명이 살육당하거나 굶어 죽었다. 이때 다른 종파는 모두 전멸되고 바리새파만 살아남았다. 이 통에 사제 계급이 없어져 유대교는 평신도 종교가 됐다.

그들은 포로들을 로마로 끌고 가서 장대한 개선 행렬을 벌였다. 전쟁 승리를 기념하는 화폐까지 주조했을 뿐만 아니라 로마 역사상 최초로 개선문을 세웠다. 당시 잡혀간 유대인 노예들이 건설한 게 콜로세움이다. 오늘날 콜로세움을 바라보는 유대인들의 감회는 남다를 수밖에 없다. 전쟁이 끝난 뒤 로마제국은 승자의 관용을 베풀어 유대인이 그들 땅에서 살며 유대교를 믿을 수 있도록 허용했다.

로마 콜로세움을 건설한 사람들은 1차 유대-로마 전쟁 당시 로마군에게 끌려온 유대인 노예들이다. (출처: 위키피디아)

960명이 1만 5,000명에 맞서 2년을 버티다

예루살렘 점령으로 전쟁은 일단락됐으나 유대인의 봉기가 완전히 끝난 것은 아니었다. 여자와 어린아이까지 포함해 960명의 열심당원들은 끝까지 굴복하지 않고 유대 사막 동쪽 절벽 위 요새 마사다에서 로마제국에 대항했다. 이미 2년 전에 '유대 정복 기념 주화'까지 만들어 쓰던 로마제국으로서는 이들을 그대로 두고 볼 수 없었다. 로마 황제 베스파시아누스는 10군단에 마사다를 함락하라고 명령을 내렸다. 72년 10군단이 마사다로 진군해 왔다. 로마군 9,000명과 노역에 동원된 유대인 포로 6,000명 등 1만 5,000명이었다.

그러나 마사다의 유대인들은 놀랍게도 10군단과 맞서 2년이나 버텼다. 마사다에 저장된 엄청난 양의 식량, 물, 무기는 그들의 마지막 버팀목이었다. 마사다를 포위한 로마군은 벼랑 위에서 내려다보며 활을 쏘아대는 반란군을 쉽게 이길 수 없었다. 마사다의 서쪽 벼랑에는 넓은 바위가 툭 튀어나와 있었다. 10군단 실바 장군은 이곳에 인공 능선을 쌓아 올리도록 지시했다. 6,000명의 유대인 노예들이 공사를 맡았다. 마사다의 열심당원들은 차마 동족을 향해 돌을 던질 수 없었다. 비탈길이 완성되자 투석기에서 날아간 돌들과 불화살이 마사다 성벽을 무너뜨렸다. 로마군은 다음 날 아침 구름다리를 놓고 성안으로 쳐들어가기로 했다.

그날 밤 유대인 지도자 엘리에제르 벤 야이르는 더 이상 버틸 수 없음을 알고 남자들을 모아놓고 "자유란 이름으로 수의를 입자."라며 자결을 유도하는 연설을 했다. "형제들이여, 우리는 로마와 맞서 싸운 마지막 용사들입니다. 만약 우리가 산 채로 로마군에 잡히면 노예가 될 것입니다. 하지만 우리는 명예롭게 자유인으로 죽을 수 있으며, 이 특권을 주신 분은 여호와이십니다. 우리의 아내들이 욕을 당하지 않은 채 죽게 하고 우리의 자녀들이 노예의 기억 없이 세상을 떠나게 합시다.

먼저 우리의 재물과 요새를 불태웁시다. 그러나 우리의 곡식 창고만은 남겨둡시다. 그리하여 우리가 자결한 것은 식량이 부족해서가 아니라 우리가 결의한 바와 같이 노예가 되느니 차라리 죽음을 택하겠다는 열망 때문이었다는 사실을 입증토록 합시다. 산 채로 잡힌 청년들이 계속되는 고문에 고통받는 것을 생각해보십시오. 어느 남편은 거칠게 다루어지는 자신의 아내를 볼 것입니다. 그는 또 두 손이 묶여서 '아빠' 하고 소리치는 어린 자식들의 목소

제1차 유대-로마 전쟁에서 유대인이 최후의 항전을 펼친 마사다 요새 전경. 예루살렘 점령 이후에도 로마에 굴복하지 않은 960명의 유대인은 천혜의 절벽 요새 마사다에서 1만 5,000명의 로마군에 맞서 2년이나 버텼다. (출처: 위키피디아)

리를 들을지도 모릅니다.

 자! 우리의 손이 자유롭게 칼을 들 수 있을 때 사랑하는 아내와 자식들과 함께 자유인의 몸으로 세상을 하직합시다. …… 지금까지 우리는 하느님 외에 그 누구에게도 굴복하지 않았습니다. 이제 그들 손에 죽거나 아니면 항복하여 노예가 되기보다는 차라리 죽음을 선택해 자유인의 몸으로 세상을 떠납시다!"

 엘리에제르 벤 야이르의 말이 여기에 이르자 사람들의 눈동자에는 결연한 의지가 감돌았다. 남자들은 경건한 얼굴로 흩어져 집으로 돌아간 후 아내와 아이들을 부드럽게 껴안고 눈물이 그득한 채 오래도록 입을 맞추고 그들을 죽였다. 먼저 남자들이 가족들을 죽이고 남자 열 명 가운데 한 명을 뽑아 그가 나머지를 죽이고 마지막 한 사람 벤 야이르가 자결하여 서기 73년 4월 15일 마사다에서 저항하던 960여 명 가운데 두 명의 여자와 다섯 명의 어린이만이 살아남고 모두 숨졌다. 벤 야이르는 유대 율법에서 엄하게 금하고 있는 자살을 자신의 추종자들에게 미루지 않고 마지막에 자결함으로써 죗값을 혼자 감당했다.

나라 잃은 자신들의 처지를 슬퍼하며 통곡하다

마사다 전투 뒤 로마는 예루살렘을 더욱 철저히 응징했다. 성전을 포함한 모든 건물을 파괴했고 땅은 가래로 고른 다음 소금을 뿌렸다. 1차 유대 반란이 진압된 후 로마 황제는 유대인의 할례를 금지하고 무너진 예루살렘 성전 터에 제우스 신전을 세웠다. 이를 본 유대인은 또다시 폭동을 일으켰다. 이 폭동마저 진압한 로마는 유대인에게 가혹한 형벌을 내렸다. 유대인을 아예 예루살렘에서 내쫓아버린 것이다. 이후 1년에 딱 하루, 예루살렘이 함락된 날에만 출입을 허용했다. 그날이 되면 유대인은 유일하게 남아 있는 성전 서쪽 벽에 머리를 대고 나라를 잃은 자신들의 처지를 슬퍼하며 통곡했다. 이후 서쪽 벽은 '통곡의 벽Wailing Wall'으로 불렸다.

현재 마사다는 이스라엘 군인이 선서식을 거행하고 유대 젊은이라면 정신 무장을 위해 필수적으로 찾아와 "더 이상 마사다는 없다No more Masada"를 외치며 '다시는 이런 아픔을 겪지 않을 것'이라고 다짐하는 곳이다. 해외 유대인은 이곳의 흙을 병에 담아 가져가 침대 머리맡에 두고 조국이 그리울 때마다 그 흙냄새를 맡는다고 한다.

[더 읽을거리]
로마군의 대량학살로 사제 계급이 사라지다

예수 당시 유대에는 여러 종류의 종파가 있었다. 최고 정점에 친로마파인 헤롯당과 사두개파가 있었다. 헤롯당은 헤롯 왕가의 지지자들이며, 사두개파는 구전 율법을 배척하고 오직 『토라』(모세5경)만을 『성서』로 받들어 제사장직을 맡은 종교 지도자들이었다. 그러나 민중의 지지를 얻고 있었던 계층은 바리새파였다. 이들은 『성서』와 구전 율법을 모두 지켰다. 율법 학자들이 바리새파 출신이었다. 그들은 반로마적이었지만 무력 사용에는 반대했다. 반면 무력으로 독립을 호소하는 열심당원이 있었다.

다른 한편 속세를 버리고 황야와 사해 부근 쿰란에서 금욕적인 공동체 생활을 하는 에세네파가 있었다. 이들은 사악한 제사장들 때문에 성전이 더럽혀졌다고 보았다. 곧 빛의 아들들과 어둠의 아들들 사이에 종말 전쟁이 일어나 결국 빛의 아들들이 승리하여 다윗 계통 임금이자 제사장인 메시아가 12지파를 다스릴 것이라고 믿었다. 쿰란 수도자들은 정결법을 철저히 준수하며 독신 생활을 했다. 사막에 살면서 예수가 올 것을 예언한 세례 요한도 에세네파였다.

유대교에서
기독교와 이슬람교가 갈라져 나왔다

같은 신을 유대교, 이슬람교, 기독교는 다르게 부른다

유대교, 기독교, 이슬람교는 아브라함이라는 한 뿌리에서 유래했다. 세 종교 모두 아브라함을 자기 종교의 최고 조상으로 섬긴다. 세 종교의 공통점은 유일신을 믿는다는 점이다. 다만 유일신을 부르는 명칭이 다르다. 유대교에서는 여러 이름으로 부른다. 처음 하느님께서 직접 모세에게 가르쳐 준 이름은 '나는 나다 I am what I am'라는 의미의 '에헤으 아세르 에헤으'였다. 『히브리 성경』에는 신의 이름이 'YHWH'라는 4개의 자음으로 기록되어 있다. 유대인들은 『성경』을 읽다가 신의 이름 'YHWH'가 나오면 이를 발음하지 않고 대신 '아도나이'라 읽었다. 이는 '나의 주님'이라는 뜻이다. 유대인들은 신의 이름을 발음하려 들지 않는다. 워낙 경건한 이름이라 인간이 함부로 부를 수 없다고 느끼기 때문이다.

기독교에서는 'YHWH'를 '야훼' 혹은 '여호와'라 부른다. 반면에

유대교, 기독교, 이슬람교는 원래는 같은 신을 믿는 한 뿌리의 종교다. 세 종교는 유일신에 의한 창조, 종말, 최후의 심판, 영원한 내세 등의 종교관이 같다. 특히 죽은 다음의 부활을 강조하며 최후의 심판 개념을 강조하는 것이 다른 종교와 차별화된 점으로 꼽힌다. 사진은 바티칸 시스티나 성당의 벽화로 최후의 심판을 묘사하고 있다. 4년여 작업 끝에 미켈란젤로가 1536년에 시작해 1541년에 완성한 작품이다. (출처: 위키피디아)

이슬람교는 하느님의 이름을 고유명사로 부르지 않고 'The God' 이라는 뜻의 '알라'라 부른다. 모두 같은 분인데 다른 이름이다. 『쿠란』에서는 알라가 유대교와 기독교에서 말하는 신과 동일한 하느님임을 분명히 밝히고 있다. 이슬람은 신에 대해 말할 때 그 신이 아브라함의 하느님, 모세의 하느님, 예수의 하느님, 무함마드의 하느님이라고 한다.

우리나라에서는 원래 창조주를 한울님이라고 불렀다. 선교사들이 『성경』을 한글로 번역할 때 이를 채택했다. 그 뒤 가톨릭은 '하느님', 개신교는 '하나님'이라 부른다.

창조, 종말, 최후의 심판, 영원한 내세가 공통된다

세 종교의 모태는 유대교다. 유대교는 기원전 2000년경 아브라함에서 시작해 기원전 13세기경 출애굽(출이집트) 때 모세가 시나이산에서 하느님으로부터 십계명과 율법을 받아 뼈대가 정립됐다. 기독교는 서기 90년경 얌니아 종교회의 이후 예수의 제자들에 의해 유대교에서 분리됐다. 그리고 이슬람교는 기독교보다 약 600년 뒤 무함마드에 의해 생겨났다.

우리가 통상 『구약성서』로 알고 있는 유대교의 『히브리 성서』가 세 종교의 근본이다. 유대교는 『구약』만을 『성서』로 인정하는 반면 기독교는 『구약』과 함께 예수 이후의 복음서 『신약』을 『성서』로 믿는다. 이슬람교는 여기에 무함마드가 쓴 『쿠란』이 보태진다. 세 종교의 경전을 좀 더 자세히 살펴보면, 유대교는 『타라크(『구약성서』)』와 『탈무드』이며, 기독교는 『구약성서』와 『신약성서』, 이슬람교는 『구약성서』 가운데 『쿠란』과 상충하지 않는 『토라(모세5경)』와 다윗의 「시편」, 예수의 복음서, 그리고 『쿠란』이다. 그런데 이슬람교는 『쿠란』을 제외한 세 개는 후대에 일부 내용이 변질됐다고

프란체스코 코자가 1665년에 그린 「광야의 하갈과 이스마엘」이다. 하갈은 아브라함의 후처다. 아브라함은 유대교와 이슬람교가 공통으로 '믿음의 조상'으로 꼽는 인물이다.
(출처: 암스테르담 국립박물관)

보고 있다. 『쿠란』에서는 율법은 모세가 받았고 복음은 예수가 선포했지만 진정한 예언자는 무함마드이고 그의 계시가 최종적이라 한다.

세 종교 모두 유일신에 의한 '창조, 종말, 최후의 심판, 영원한 내세'라는 종교관도 일치한다. 특히 죽은 다음의 부활을 강조하며 최후의 심판 개념을 발전시켰다. 초기 유대교는 '야훼의 날', 곧 '마지막 날'을 강조했다. 유대교에서 '마지막 날'이라는 용어는 메시아가 도래할 것이라는 믿음을 상징한다. 기독교와 이슬람교도 부활과 구원에 관한 믿음이 있다. 하느님이 모든 민족을 심판하는 날 하느님의 나라가 시작된다. 다만 유대교 개혁파는 이러한 메시아 사상

1장 (종교관) 하느님 자녀로서의 합당한 삶을 살아야 한다　75

을 인정하지 않으려는 경향이 있다.

부활과 최후의 심판 사상은 어떻게 정립됐는가

유대교에 부활과 최후의 심판 사상이 명료하게 정립된 시기는 기원전 6세기경 바빌론 유수기(포로기)였다. 그때까지만 해도 유대인들은 죽으면 지하 깊숙이 있는 '스올'에 간다고 생각했다. 죽은 사람의 영혼이 반半수면 상태에서 목적 없이 존재하는 음침한 곳이다. 훗날 메시아가 그들을 부활시켜 줄 것이라는 어렴풋한 믿음을 갖고 있었다. 당시 바빌론에 포로로 잡혀와 있던 유대인들은 자기들을 압제에서 해방시켜 준 페르시아의 키루스(고레스) 대왕을 흠모하며 그의 종교인 조로아스터교의 일부 사상을 받아들였다. 대표적인 게 인간의 도덕적 선행 의무를 일깨운 조로아스터교의 이분법적인 '선과 악' 사상이다. 곧 '천사와 악마, 천국과 지옥, 부활과 심판' 등을 받아들였다.

조로아스터교는 예언자 자라투스트라가 강조한 좋은 생각, 좋은 말, 좋은 행동을 하며 살라고 가르쳤다. 이러한 행동들이 악을 물리치는 무기가 된다고 보았다. 특히 선행이 가져다줄 심판과 부활을 강조했다. 죽은 뒤 3일을 무덤에서 지낸 뒤 4일째 계곡을 가로지르는 보응의 다리를 건너게 된다. 이때 살아 있을 때 했던 행위에 대한 심판을 받는다. 만일 선행이 악행보다 많으면 영혼은 다리를 건너 하늘로 올라가지만 악행이 많으면 다리가 좁아져 지옥으로 떨어진다. 그러나 그것으로 끝나는 게 아니다. 지혜의 주신 '아

자라투스트라. 조로아스터교 창시자.
(출처: 위키피디아)

'후라 마즈다'가 악마들 우두머리인 '아흐리만'을 결국 굴복시킨 뒤 모든 인간을 부활시키고 최후의 심판을 주재해 새로운 세상을 열기 때문이다.

이후 기독교는 최후의 심판 개념을 더욱 발전시켜 그리스도의 재림 때 최후의 심판이 있으며 모든 인간이 하느님 앞에 서게 된다고 가르친다. 이슬람교에서도 최후의 심판 개념이 많이 확대됐다. 이슬람에서는 '부활의 날' '심판의 날'이 세상의 마지막 이전에 선행된다. 심판의 날은 이슬람교의 5대 신앙 중 하나다. 부활의 날에 세상이 처음 생겼을 때부터 살았던 모든 인간이 다시 살아나 알라 앞으로 나간다. 이때 인간들의 모든 행위를 기록한 책이 두 천사에 의해 하느님 앞에 제출되고 선한 행위와 악한 행위를 수록한 두 권의

책에 실린 기록에 따라 낙원이나 지옥으로 간다. 만일 종교 전쟁聖戰·Jihad에서 죽은 순교자의 삶을 살았다면 영혼은 곧바로 낙원으로 간다.

유대교와 이슬람교는 예수를 선지자로 본다

세 종교의 다른 점은 무엇일까? 가장 큰 차이점은 '예수에 대한 관점' 차이다. 기독교는 예수를 삼위일체설에 입각해 하느님의 아들이자 신이라고 믿는다. 반면 유대교와 이슬람교는 예수를 단지 하느님이 보낸 선지자 가운데 한 명으로 간주한다. 유대교는 예수를 유대교의 일파를 이끌다 순교한 선지자로 보고 있다.

이슬람교는 예수를 위대한 선지자의 한 사람으로 존경한다. 실제로 이슬람교에서는 예수가 하느님의 허락으로 여러 기적을 보여 줬다고 믿는다. 이슬람교는 "예수는 태어난 지 얼마 되지 않아 요람에서 말을 했고, 죽은 자를 살렸고, 흙으로 새를 빚어 숨결을 불어넣는 기적을 행했다. 예수는 '하느님 이외에는 숭배받을 존재가 없다'는 유일신 사상을 사람들에게 설파했다"고 가르친다. 그리고 심판의 날이 가까워지면 예수는 다시 재림한다고 했다.

이슬람교의 말세는 알라만이 알 수 있는 영역이다. 말세는 대말세와 소말세가 있다. 대말세의 징조는 연기가 온 세상을 덮을 것이며 짐승들과 사기꾼들이 출현하고 예수가 재림하며 태양이 서쪽에서 떠서 동쪽으로 지는 등의 징조가 있다. 소말세는 사회의 부정부패, 고리대금, 간음, 대로에서의 범죄 같은 것으로 그 징조가 나타

기독교는 예수를 하나님의 아들이자 신으로 믿는다. 반면 유대교와 이슬람교는 선지자 중 한 명으로 본다. 바닷가에서 설교하는 예수를 묘사한 그림. (출처: 브루클린 미술관)

난다고 한다. 이 모든 것은 알라께서 『쿠란』과 『하디쓰』(예언자 언행록)를 통해 알려준 사실들이라고 한다.

　이슬람교는 이렇게 예수를 위대한 선지자로 인정하면서도 참선지자는 바로 무함마드라고 가르친다. 이슬람교는 사라가 낳은 아들 이삭이 적자嫡子가 아니라 하갈이 낳은 맏아들 이스마엘이 적자라고 주장한다. 따라서 이슬람교는 자신들이야말로 아브라함 종교를 계승했으며 이스마엘의 자손인 무함마드를 참선지자로 믿는다.

[더 읽을거리]
왜 기독교는 유대교에서 갈라져 나와 독자 종단이 됐는가

유대교와 초기 기독교는 오랜 기간 사이좋게 예배를 같이 보았다. 유일신 하느님을 믿는 뿌리가 같았기 때문이다. 초기 기독교 예루살렘 교회의 경우 유대교의 한 분파인 '나사렛파'로 존재했다. 그 무렵 로마와 전쟁 막바지에 예루살렘에서 최후의 일전이 있었다. 68년 로마군이 예루살렘 성을 포위하기 시작하자 종말론 신앙 속에 살아온 초기 기독교 '나사렛 사람들'은 종말이 임박했음을 확신하고 요르단강 동편 펠라성으로 피란 갔다. 이때부터 유대인들은 나사렛파를 배신자들로 여기며 신앙공동체를 함께할 수 없다고 보았다.

로마와의 전쟁 후유증으로 유대 민족의 절반이 멸절되어 거의 모든 종파가 와해되고 바리새파만이 남았다. 전쟁으로 제사장 계급이 전멸해 사제가 없어지자 이른바 랍비들이 주도하는 랍비적 유대교가 자리잡았다. 유대인들은 나라가 로마제국에 의해 무참히 박살 난 이유 중 하나가 종파 간 교리 싸움이라고 보았다. 그래서 랍비들은 율법 논쟁은 용인하나 종파적 논쟁은 멈추어야 한다고 생각했다.

그러다 서기 90년 야브네(얌니아) 종교회의에서 『구약성경』을 확정지었다. 그러면서 랍비 사무엘이 회당예배 때 바치는 18조 기도문 가운데 이단자들을 단죄하는 제12조에 '나사렛 사람들'을 덧붙였다. 그 뒤 나사렛 사람들, 곧 초기 기독교도들은 더 이상 유대교 회당예배에 참석할 수 없게 됐다. 이때부터 기독교는 독자 종단으로 독립했다.

2장

[경제관]
하느님의 자녀로서 축복은 부의 축적이다

환차익 거래로 돈을 벌었다

서양의 은을 중국의 금과 바꿔 100퍼센트 수익을 내다

유대 무역상들이 주도해 만든 네덜란드 동인도회사는 중국과 일본에서 기독교 선교 문제로 쫓겨난 서구 열강들의 빈자리를 차지해 독점 무역을 할 수 있었다. 네덜란드 동인도회사의 유대인들이 믿는 유대교는 다른 민족에게 전도하는 종교가 아니었기 때문이다. 그들은 인도네시아에서 향신료, 일본과 중국에서 도자기, 비단, 중국차 등을 수입해 큰돈을 벌었다.

그러나 그들이 정작 큰돈을 번 경로는 이러한 상품 수입이 아니라 환차익 거래를 통해서였다. 서양과 중국의 금과 은의 상이한 교환 비율을 이용한 차익 거래Arbitrage로 큰 수익을 올린 것이다. 네덜란드 동인도회사가 상품으로 벌어들인 돈은 전체 수익의 22퍼센트인 데 반해 환차익 거래로 벌어들인 돈은 78퍼센트였다고 한다. 당시 중국은 1581년 이래 시행해온 일조편법으로 은이 조세의 기본

16~17세기 일본과 서양 간 무역 거점이었던 일본 나가사키현 데지마 네덜란드 무역관. 가운데 네모란 인공섬이 데지마이다. 네덜란드 동인도회사의 유대인들은 이 데지마 무역관을 거점으로 삼아 일본의 은을 수입해 중국과 동남아에서 금으로 바꿔 큰 시세 차익을 봤다.
(출처: 위키피디아)

이었다. 따라서 은 수요가 많아 금과 은의 교환 비율이 1 대 6인 반면 서양의 금은 교환 비율이 1 대 12였다. 네덜란드 동인도회사가 서양의 은을 갖고 와서 중국의 금과 교환할 때마다 100퍼센트 수익을 올렸다.

서양의 은 대신 일본의 은으로 더 큰 수익을 내다

당시 네덜란드 동인도회사가 일본에서 주로 수입한 것이 은과 도자기였다. 처음에는 은을 네덜란드에서 갖고 왔으나 나중에는 일본에서 은을 싼값에 조달한 다음 이를 중국의 금과 교환해 큰 수익을 올렸다. 일본에선 16세기 중반부터 막부들이 전쟁 자금 준비를 위해 은광과 금광을 많이 개발했다. 1526년 시마네현에서 대규모 이와미 은광이 발견됐다. 일본이 전 세계 은 생산량의 3분의 1을 차지할 정도로 많은 은을 캐내어 수출했다. 일본이 이렇게 많은 은을 수출할 수 있었던 것은 조선의 은 제련 기술 덕분이었다. 16세기 이전에는 일본에 은 제련 기술이 없어 일본 역사서에는 은 광석을 덩어리째 배에 싣고 조선으로 건너가 제련해서 가져왔다는 기록이 있다. 그러다 1533년에 조선의 '연은분리법鉛銀分離法'이라고 하는 은 제련술이 일본에 전해졌다. 이를 '회취법灰吹法'이라고도 불렀다. 이로써 일본은 비로소 은을 제련하는 국가로 변신한다.

은은 의외로 제련이 까다로운 금속이다. 16세기 이전의 채은법은 금을 분리할 때 부산물처럼 얻게 되는 경우가 대부분으로 상당히 수율이 떨어지는 방식이었다. 당시 은이 금에 비해 상대적으로 고평가된 것도 이러한 제련의 어려움에서 기인했다. 대개 은 광석에는 납이 많이 들어 있어 은과 납을 분리하는 제련 기술 없이는 은 생산이 크게 늘어날 수 없었다. 그 무렵 중남미에서 쓰인 '아말감법'은 은 광석을 잘게 부수어 수은과 섞어 아말감으로 만든 다음 광석의 잔재를 거른 뒤 가열해서 수은을 날려 버리고 은만 추출하는 방식이었다. 하지만 이 기술은 큰 문제가 있었다.

1550년쯤 세계 최대의 은 광산이 당시 볼리비아 포토시Potosi에서 발견됐다. 문제는 아말감법으로 인해 공기 중에 방출된 수은에 중독되어 많은 인디오가 희생됐다. 얼마나 많은 희생자가 발생

1553년에 그려진 포토시 그림(위). 데오로즈 드 브리가 그린 그림 「포토시」(아래). 포토시 광산은 1550년쯤 발견된 세계 최대의 은 광산이다. (출처: 위키피디아)

했는지 정확한 통계는 없지만 1550~1800년에 인디언 800만 명이 죽었다는 주장도 있다. 그래서 대안으로 개발된 것이 파티오 patio(마당) 공정이다. 이는 은 광석을 곱게 갈아 마당에 펼쳐 놓고 수은, 소금, 황산구리를 뿌린 후 노새를 그 위에 달리게 해 섞는 공정이다. 그러면 화학반응이 일어나 은이 수은에 녹아나온다.

일본은 조선이 개발한 연은분리법으로 은을 생산했다

이와 달리 일본에서 질 좋은 은을 대량으로 생산해 낸 제련술은 먼저 은 광석을 납과 함께 녹인 다음 떠오르는 불순물을 제거하고 나서 재를 이용해 은을 납에서 분리하는 연은분리법이었다. 이 제련술은 원래 조선에서 16세기 초에 개발한 것으로 당시 유럽의 은 제련술보다 월등히 앞선 획기적 기술이었다. 당시 중국은 조선이 수입하는 비단 등의 대금 결제를 은으로 요구해 부진하던 조선의 은 광산업이 발전하기 시작했다. 증가하는 은 수요로 개인에게도 은광 개발이 허락되면서 은 제련 기술이 발진했다. 1503년 궁중의 금은 세공에 동원된 기술자들이 새로운 제련법을 개발했다.

『조선왕조실록』의 『연산군일기』(1503년)에 이런 기록이 있다. "양인 김감불金甘佛과 장례원 노비 김검동金儉同이 납으로 은을 불려 바치며 아뢰기를 '납 한 근으로 은 두 돈을 불릴 수 있는데, 납은 우리나라에서 나는 것이니 은을 넉넉히 쓸 수 있게 되었습니다. 그 제련은 무쇠 화로나 용기 안에 뜨거운 숯을 조각조각 넣어서 채운 다음 깨진 질그릇으로 사방을 덮고 숯을 위아래로 피워 녹입니다'

라고 아뢰니 '시험해 보라'고 했다."(연산 9년 5월 18일)

이 획기적 기술을 19세기 후반 실학자 이규경은 저서『오주서종五洲書種』에 자세히 소개하고 있다. "먼저 은이 포함된 광석을 채취한 후 노爐 밑에 조그마한 구덩이를 파고 뜨거운 불을 깔아 둔다. 그 위에다 아연 조각들을 깔고 은 광석을 펼쳐 둔다. 사방에 불티가 남아있는 재를 덮고 소나무로 덮는다. 부채를 가지고 불을 지피면 불길이 일어나는데 아연이 먼저 녹아내리고 은 광석은 천천히 녹는다. 그러다 아연 녹은 물이 끓어오르면서 갑자기 은 광석이 갈라지고 그 위로 아연이 흘러나온다. 이때 물을 뿌리면 은이 응고하면서 아연과 분리된다."

이렇게 조선은 은을 포함하고 있는 아연 광석에서 재를 이용해 순도 높은 은을 분리하는 방법을 개발한 것이다. 당시 유럽의 은 제련술은 은 광석을 녹여 노 밑으로 흘러나오는 용융액을 받는 방식이었다. 은과 아연은 녹는점이 비슷하기 때문에 이 방법은 은과 아연을 분리할 수는 있었지만 순도가 보장되지 않았다. 김감불과 김검동의 연은분리법은 순도가 높아 당시 세계 최고의 제련술이었다.

일본은 조선의 은 제련술과 도자기 제조 기술로 경제 강국이 됐다

조선이 개발한 연은분리법은 조선에서 빛을 보지 못하고 일본에서 꽃피웠다. 1516년 중종은 연산군 때의 사치 풍조 척결을 내세워 은광 채굴을 금지했다.

일본 시마네현에 위치한 이와미 은광. 1526년 이 은광이 발견되면서 일본은 당시 전 세계 생산량의 3분의 1에 달하는 은을 생산해 수출했다. (출처: 위키피디아)

『조선왕조실록』의 『중종실록』(1539년)에 이런 기록이 있다. "(전주 판관) 유서종이 왜놈과 사사로이 통해서 연철을 많이 사다가 자기 집에서 불려 은으로 만드는가 하면, 왜놈에게 그 방법을 전습했으니 그 죄가 막중합니다. 철저히 조사하여 법대로 죄를 정하소서."(중종 34년 8월 10일)

또 일본 이와미 은광 홍보 자료에는 이런 문구가 있다. "회취법은 1533년에 하카타의 호상 가미야 주테이가 한반도에서 초청한 경수慶壽와 종단宗丹이라는 기술자에 의해 일본 내에서는 처음으로 이와미 은광에 도입되었다."

일본이 근대에 경제 강국이 된 근저에는 이렇게 조선의 은 제련술과 임진왜란 때 잡혀간 조선 도공의 후예들이 개발한 도자기 제조 기술이 크게 한몫했다. 이때부터 교역에 눈을 뜬 일본은 네덜란드 동인도회사를 통한 유럽 무역뿐만 아니라 자력으로 동남아시아에 진출해 중계무역을 통해 부를 쌓았다. 이후 상업과 경제가 급속히 발전하고 도시화가 빠르게 진척되어 18세기에 벌써 도시 인구 비율이 중국이나 유럽보다 높았다. 에도(지금의 도쿄)가 인구 140만 명으로 18세기에 세계에서도 큰 도시 중 하나가 되었다.

[더 읽을거리]

은 제련술을 활용해 임진왜란을 일으키다

　네덜란드 동인도회사의 유대인은 일본의 은과 구리를 사서 오랜 기간 중국과 동남아에서 금으로 바꿔 큰 시세 차익을 거두었다. 이로써 대자본을 구축할 수 있었다. 원래 중국과 일본 간 교역은 처음에는 중국 푸젠성 상인들과 포르투갈 상인들이 담당했다. 그러다 기독교 선교로 문제를 일으킨 포르투갈 상인들이 축출되고 난 다음 네덜란드 동인도회사 유대인들이 이 사업을 물려받았다. 근대 초 일본은 세계 2위 은 수출국이었다.

　일본이 이렇게 은 수출국이 될 수 있었던 것은 조선의 독보적 은 제련술인 '연은분리법' 덕분이었다. 조선의 은 제련술을 일본이 가져간 것은 임진왜란이 일어나기 60년 전이었다. 첨단기술 도입은 나중에 일본이 조선을 침략하는 발판이 되었다. 일본의 전국시대를 통일한 도요토미 히데요시는 이와미 은광을 막부 직할에 두고 은을 대량 생산해 막대한 임진왜란 전쟁 비용을 마련할 수 있었다. 17세기 초 일본의 은 수출량은 연 200톤이었다. 당시 은은 세계 화폐였다. 이와미 은광은 19세기 후반까지 무려 300년 동안 채취되어 일본 부국강병의 토대가 됐다.

유럽에 동양자기 열풍을 이끌었다

동인도회사는 조선의 도자기를 수입하고 싶어했다

유럽은 17세기까지만 해도 동양에 비해 과학이 뒤떨어져 있었다. 유럽은 자기 제조에 필요한 섭씨 1,400도까지 불의 온도를 끌어올릴 수 없었다. 유럽은 700~800도로 굽는 토기clay ware와 800~1,000도로 굽는 도기pottery는 생산했지만 1,300~1,500도로 굽는 자기porcelain는 생산하지 못했다. 당시 자기를 생산할 수 있는 나라는 조선과 중국뿐이었다.

1602년 유대 무역상들이 주도하여 세운 네덜란드 동인도회사가 수입한 동양 자기가 대유행하자 유럽 각국은 도자기 수입에 열을 올렸다. 처음에는 비단과 중국차와 함께 중국 광저우 도자기를 수입했다. 네덜란드 동인도회사만 해도 매년 300만 개 이상의 중국 도자기를 수입했다. 그러다 1644년 명나라가 망하고 중국과 유럽 간 해상무역이 중단되었다.

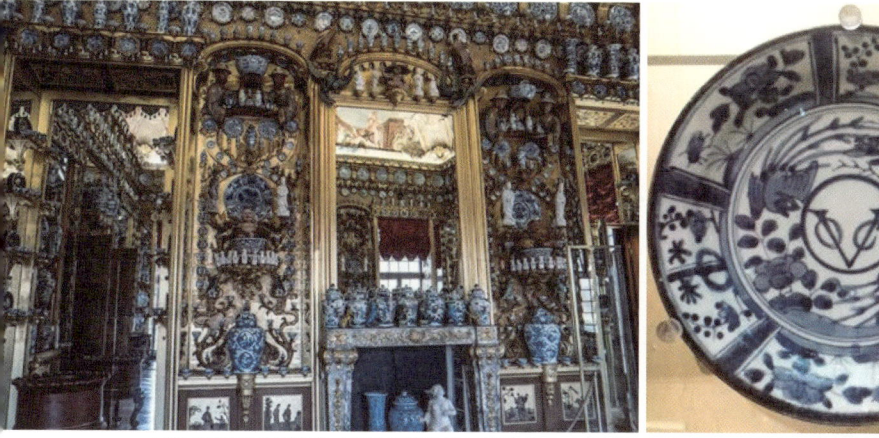

독일 베를린에 위치한 샤를로텐부르크 궁전의 도자기 방. 이 방은 프로이센 국왕 프리드리히 1세의 아내인 조피 샤를로테 왕비가 중국의 도자기를 수집해 장식한 곳이다. 17세기 유럽은 토기나 도기는 자체 제작했으나 자기는 생산할 수 없었다. 1602년 유대 무역상들이 주도해 세운 네덜란드 동인도회사에서 수입한 동양 자기들이 대유행하자 유럽 각국은 도자기 수입에 열을 올렸고 유럽의 왕이나 영주들이 이를 사들였다. 17세기 동인도회사 로고를 넣어 수입한 청화백자 (출처: 위키피디아)

    이후 네덜란드 동인도회사는 조선의 도자기를 수입하려 1669년 '코레아Corea호'까지 건조했다. 그러나 일본의 반대로 조선과의 무역은 무산됐다. 결국 네덜란드 동인도회사는 일본 도자기를 주문할 수밖에 없었다. 처음 시험 주문 6만 5,000개를 일본이 소화하는 데 무려 2년이나 걸렸다. 하지만 네덜란드 동인도회사가 1688년에 발굴한 아리타(이마리) 자기에 전 유럽이 매료됐다. 그도 그럴 것이, 아리타 자기는 임진왜란 때 붙잡혀 간 조선 도공 후예들이 아리타에서 처음으로 발견한 고령토로 만든 조선 청화백자의 재현이었다. 색을 입힌 채색 자기도 등장했다. 이후 19세기까지 유럽에 팔린 일본 아리타 자기는 무려 2,000만 점에 달했다. 이로써 일본이 무역국으로서 위상을 높이고 국부를 늘리는 계기가 됐다. 이 과정에서 등장했던 코레아호에 대해 알아보자.

하멜의 『표류기』 이후 다시 조선과 교역하고자 했다

일본의 막부 정권은 1609년 네덜란드 동인도회사에 문호를 개방했다. 조선과 일본이 임진왜란 이후 단절됐던 외교 관계를 회복한 기유약조도 같은 해에 체결되어 네덜란드 동인도회사는 조선과도 무역을 추진했다. 당시 일본 나가사키현 히라도에 설치된 네덜란드 무역관 야크스 스펙스Jacques Specx 관장은 1610년 11월 본사 최고 의결기관인 17인 위원회에 보낸 보고서에 이렇게 적었다. "…… 일본 당국에 조선과 직접 교역할 수 있는 재가를 요청했으며… 조선으로 가서 1년에 서너 차례 교역하자고 교섭을 벌였지만, 조선 왕국의 무역금지령과 쓰시마 영주의 반대로 어려운 실정이다. 하지만 비단, 표피, 약제 등이 가져올 이익을 고려해서 계속 추진해 나갈 예정이다……." 당시 네덜란드의 실권자 마우리츠도 일왕에게 보낸 서한에서 조선국과도 거래할 수 있도록 선처를 베풀어달라고 요청했다.

그러나 조선과의 교역이 진척이 없자 바타비아(인도네시아 자카르타 북부) 주재 네덜란드 동인도회사 유대인 총독 얀 피테르스존 쿤 Jan Pieterszoon Coen은 조선에 대한 정보 수집을 히라도 무역관에 지시했다. 당시 쿠커바커르N. Couckerbacker 히라도 무역관장의 정보는 꽤 구체적이다. 그 전문은 다음과 같다.

"…… 이 나라는 일본과 거의 동일한 크기로, 큰 원형의 섬으로

17세기 초에 그려진 바타비아(인도네시아 자카르타 북부) 주재 네덜란드 동인도 회사 총독 얀 피테르스존 쿤의 초상화. 쿤은 유대인이다. (출처: 위키피디아)

작은 섬들 사이에 있고, 그 한끝이 시나(중국)에 접해 있지만, 약 1마일 정도 폭의 강으로 갈라져 있다. 코레아의 다른 한쪽은 타르타리아(러시아)에 접해 있고 양국 사이에는 폭 약 2.5마일의 수로가 있다. 동쪽으로 28~30마일 떨어진 곳에 일본이 있다. 코레아에는 금광과 은광이 있지만 굉장한 양은 아니다. 명주도 산출하지만 자국에서 필요로 하는 것보다 적기 때문에 시나로부터 명주가 수입된다. 이 땅에서 특히 풍부히 얻을 수 있는 것은 쌀, 동, 목면, 면직물, 인삼 뿌리이다. …… 코레아에서 일본과 거래는 대마도 영주만이 할 수 있고, 누구에게도 허용되지 않고, 영주도 5척의 큰 배를 가지고 있을 뿐 그 이상의 배를 보낼 수 없다. 그곳에서 면, 면직물, 인삼 뿌리, 매, 호피를 수입하여 일본에서 3~4배 가격을 받는다. 거래에서 상당한 이득이 있다. 그래서 영주는 이 거래에 타인이 참가하는 것을 용인하지 않는 것이다. 우리가 들은 바에 의하면, 회사가 조선에서 무역을 행하려고 해도 목적을 달성할 수는 없을 것이다. 왜냐하면 그들은 매우 소심하고 겁쟁이들로서 특히 외국인을 두려워하고 있다……."

이러한 히라도 무역관의 보고에 대해 바타비아 본부는 1638년 6월 상황을 잘 이해했다고 답했지만 본사 생각은 달랐다. 네덜란드 동인도회사 17인 위원회는 "코레아를 발견하라"는 훈령을 내리면서 일명 '보물선 원정대'를 1639년에 파견했다. 조선에 보물이 있다고 생각한 것이다. 하지만 열병과 풍랑으로 실패하고 바타비아로 돌아갔다. 이후에도 원정은 두 번 더 계속됐으나 성과는 없었다.

조선시대 네덜란드 동인도회사 선원들이 두 차례나 우리나라에 왔다. 바로 1627년 박연(벨테브레이) 일행과 1653년 하멜 일행이다. 하멜 일행은 폭풍을 만나 제주도에 표착했다. 당시 38명 생존자 가운데 22세 청년 헨드릭 하멜이 있었다. 하멜을 포함한 8명은 전남 좌수영에 근무하면서 1666년 9월 야음을 틈타 배를 타고 일본으로 도망갔다. 조선에 표착한 지 13년 만이었다. 그 뒤 일본에 머물다 1668년 7월 귀국했다. 돌아간 하멜은 자신의 밀린 노임을 청구하기 위해 체류일지와 조선에 대한 정보를 정리해 동인도회사에 제출했다. 이것이 『난선 제주도 난파기』와 부록 「조선국기」인데 우리에게는 『하멜 표류기』로 알려져 있다.

회사에 제출된 하멜의 보고서가 소책자로 출간되어 선풍적인 인기를 일으켰다. 1668년 네덜란드어로 처음 출판된 이후 불어판, 독어판, 영어판이 경쟁적으로 출간됐다. 『하멜 표류기』는 조선을 서구에 본격적으로 알리는 계기가 됐고 네덜란드 동인도회사도 조선과의 직교역을 다시 검토하기 시작했다.

유럽 자기의 뿌리는 조선의 청화백자이다

당시 동인도회사는 조선과의 무역을 적극적으로 추진했다. 1668년 네덜란드 식민지 문서 제255호에는 이때 동인도회사가 조선과의 직교역을 검토했던 기록이 남아 있다. 그리고 귀국한 하멜 역시 경영층에 조선 도자기의 우수성을 알리며 교역을 강력히 주장했다. 네덜란드 동인도회사는 조선과 무역을 위해 1669년 1,000톤급 대형 상선인 '코레아호'까지 별도로 만들었다. 코레아호는 1669년 5월 20일에 휄링겐Wielingen을 출항하여 이듬해 1월 19일에 바타비아에 도착했다. 당시 선원은 31명이었다. 배는 조선을 향해 출항 대기하고 있었다.

그러나 일본이 결사반대했다. 만약 네덜란드가 조선과 통상하면 일본 내 네덜란드 무역관을 폐쇄하겠다는 으름장을 놓았다. 당시 일본은 네덜란드 동인도회사로부터 수입한 옥양목(무명)과 후추

일본 아리타 토잔신당(왼쪽)과 일본 에도시대에 제작된 아리타 자기(오른쪽). 아리타 자기는 임진왜란 때 잡혀간 조선 도공 이삼평의 후예들이 아리타에서 조선 청화백자를 재현한 것으로 알려져 있다. 아리타 자기를 본떠 1710년 유럽에서 최초로 개발된 자기가 마이센 자기다. (출처: 위키피디아)

등을 조선에 되팔아 수십 배에서 수백 배의 폭리를 취하고 있었다. 이러한 조선에 대한 독점적 무역업자로서의 지위가 흔들릴까 봐 극구 반대한 요인도 있었다. 이런 상황에서 일본 나가사키 데지마의 네덜란드 무역관 식스D. Six 관장은 "조선은 빈곤하며 서양인을 환영하지 않는데다 일본과 중국도 반대하니 일본과 교역을 유지하는 현 상황이 최선"이라는 요지의 보고서를 보내 본부도 이를 최종 수용했다. 결국 네덜란드 동인도회사가 의욕적으로 명명했던 코레아호는 조선으로 단 한 번도 항해하지 못하는 운명이 되고 말았다.

그런데 임진왜란 때 잡혀간 조선 도공 이삼평의 후예들이 조선 청화백자의 흐름을 아리타에서 이어받았다. 그리고 아리타 자기를 본떠 1710년 유럽에서 최초로 개발된 자기가 마이센 자기다. 마이센 초기 제품들 문양에는 조선 청화백자의 모습이 보인다. 유럽 자기의 뿌리는 조선 청화백자인 셈이다.

[더 읽을거리]
도자기가 유럽에서 집 한 채 가격에 팔리다

1602년에 설립된 네덜란드 동인도회사는 이듬해 중국에서 상품을 가득 싣고 돌아가던 포르투갈 상선 캐슬리나호를 빼앗아 실려 있던 수십만 점의 중국 도자기를 암스테르담으로 가져가 경매에 부쳤다. 당시만 해도 교역과 약탈이 혼재하던 시절이다. 네덜란드 동인도회사의 유대인들은 경매에 많은 왕과 귀족이 몰려든 것에 놀랐다. 프랑스 국왕과 영국 국왕 모두 아름다운 백자 식기를 낙찰받았다. 그 많던 물건이 며칠 만에 그것도 상상을 초월하는 비싼 가격에 모두 팔렸다.

그 무렵 철제 식기를 쓰고 있었던 유럽 귀족들은 중국제 자기 식기를 보는 순간 그 신비로움에 감탄했다. 무엇보다 식사의 품위가 달라졌다. 이후 유럽 귀족들 사이에 도자기 열풍이 불었다. 특히 왕과 영주들은 도자기를 수집하는 데 적극적이다 못해 광적이었다. 당시 고급 도자기는 집 한 채 가격이었다. 지금도 유럽 왕궁에 가보면 방 하나를 아예 중국 도자기로 지은 곳이 많다. 중국 도자기가 워낙 고급이어서 유럽에서는 중국 도자기를 아예 '차이나 China'라고 불렀다. 그래서 지금도 동물의 뼛가루를 섞어 만든 도자기를 '본차이나 Bone China'라 부른다.

중계무역으로 자본주의의 싹을 틔웠다

네덜란드는 중계무역 중심지가 됐고 금융업과 보험업도 발전했다

포르투갈의 대표 음식은 '바칼랴우bacalhau'다. 바칼랴우는 대구, 특히 절인 대구를 말하는데 요리법이 365가지가 있다고 할 정도로 다양하다. 하지만 포르투갈 유대인은 금요일이 되면 다양한 요리법을 마다하고 항상 대구를 기름에 튀겨 먹었다. 왜 그랬을까?

유대인은 율법상 안식일에는 일을 할 수 없고 불도 켤 수 없다. 그래서 안식일 전날인 금요일에 미리 안식일에 먹을 음식을 다 준비해 놓는다. 그래서 유대인 공동체에 전통이 하나 생겼다. 금요일에 밀가루를 뿌린 대구에 달걀물과 빵가루를 입혀 튀긴 다음 더운 날씨에 상하지 않도록 그 위에 식초나 레몬즙을 뿌려놓았다가 안식일에 먹는 것이었다. 튀긴 대구는 불에 다시 데우지 않아도 맛있다. 맛있는 요리를 즐기면서 종교 규율 또한 지키는 기발한 해결책

바칼라우와 키벨링

이었다.

1492년 스페인에서 쫓겨나 포르투갈로 이주한 유대인은 5년 뒤 포르투갈에서도 추방돼 대부분 종교의 자유가 있는 네덜란드로 몰려갔다. 그 무렵 네덜란드 앞 북해에서는 청어가 많이 잡혔다. 당시에는 냉장고가 없던 시절이라 청어를 오래 보관하기 위해서 소금에 염장하거나 식초에 절였다. 유대인이 몰려들자 네덜란드에서도 대구를 기름에 튀긴 '키벨링Kibbeling'이 발달했다.

그 무렵 네덜란드의 절임 청어에 쓰는 소금은 암염이었다. 유대인은 자기들이 살았던 스페인에서 싸고 질 좋은 천일염을 수입해 북부 독일 한자 상인들이 공급하는 암염을 대체하면서 소금 상권을 장악했다. 이 기세를 몰아 자연스레 절임 청어 산업도 유대인이 주도하게 된다. 그들은 절임 청어를 처리하는 데 '분업과 표준화'를 도입해 생산량을 획기적으로 늘렸다. 당시 1년에 140일이 넘는 가톨릭 육류 금식 기간에도 생선은 먹을 수 있어 유럽 전역에 불티나게 팔려나갔다. 청어잡이와 포경산업이 호황을 누리다 보니 고기잡이배가 많이 필요해 자연스레 조선업 발전으로 이어졌다. 조선업이 발전하다 보니 화물선 제작 능력도 좋아졌다. 16세기 중반부터 네덜란드 선박은 '경량화와 표준화'에 승부를 걸어 배의 크기를 키워 화물 적재량을 극대화했다.

그 무렵 네덜란드는 배를 만드는 목재를 스칸디나비아반도에서 수입했는데 발트해의 통행세 부과 기준이 갑판의 넓이였다. 유대인은 갑판을 좁게 만들고 화물칸은 배불뚝이로 만들어 제작비와 함께 통행세도 절감했다. 또 그들은 돛대에 최초로 복합 도르래를 설치해 선원 수를 3분의 1로 줄였다. 이 배를 '플류트선Fluyt'이라 불렀다. 표준화로 건조 비용이 영국의 60퍼센트에 지나지 않았고 선박이 가벼워 속도도 빨랐다. 발트해에서 다른 나라 선박이 한 번 왕복할 동안 플류트선은 두 번 왕복했다. 유대인이 화물 운송비를 경쟁국 대비 3분의 1까지 낮추어 네덜란드는 16세기 후반에 북방 무역의 70퍼센트를 장악해 유럽 해운업계를 평정했다.

해운업의 발전으로 네덜란드에는 물류기지가 만들어져 자연스레 중계무역 중심지가 됐다. 무역업의 발전으로 이를 지원하는 금융업과 보험업도 발달했다. 이 과정에서 자본주의의 싹이 네덜란드에서 피어났다. 유대인이 주도해 1602년 근대 최초의 주식회사인 '네덜란드 동인도회사', 1609년 중앙은행의 모태 격인 '암스테르담은행', 1611년 '증권거래소'가 탄생했다. 이후 유동성이 풍부해진 암스테르담은행이 신용 대출을 선보였고 2~3퍼센트대 저금리 대출을 시행했다. 이를 토대로 네덜란드는 해외 투자를 주도해 세계 무역 네트워크를 완성했다.

빌럼 3세

네덜란드의 통치자 빌럼 3세가 영국 왕 윌리엄 3세가 된 것이다. 빌럼 3세를 따라 영국으로 건너간 인원은 무장 병력을 포함하여 3만여 명이었다. 민간인 가운데 반 정도가 유대 금융인들이었다. 세파르디 유대인(스페인계 유대인) 3,000명과 아슈케나지 유대인(독일계 유대인) 5,000명 등 유대 금융인 8,000여 명이 이때 영국으로 옮겨갔다. 1680년 고드프리 넬러가 그린 초상화 (출처: 위키피디아)

네덜란드 유대인들이 영국으로 이주하다

그 뒤 네덜란드 유대인이 영국으로 이주하게 되는 역사적 사건이 두 번 발생하게 된다. 그 첫 번째는 1651년 발표된 크롬웰의 항해조례다. 유럽 다른 나라들이 영국과 영국 식민지와 무역하려면 반드시 영국 배만을 사용해야 한다는 내용이었다. 한마디로 해운과 무역에서 네덜란드를 배제하겠다는 의도였다. 그로 인해 영국과 네덜란드 사이에 1차 전쟁이 벌어졌다. 3년여 전쟁 끝에 승리한 영국은 네덜란드 해안과 항구를 봉쇄했다. 위기에 몰린 네덜란드 유대 무역상들은 1656년 그들의 대표인 랍비 마나세 벤 이스라엘을 영국의 크롬웰에게 파견해 네덜란드 유대 무역상들의 비공식 영국 이주를 허가받았다. 이로써 해상 봉쇄로 갇혀 있던 유대 무역상들이 먼저 도버해협을 건넜다. 곧 세계 무역 네트워크와 교역 경쟁력이 네덜란드에서 영국으로 이동한 것이다.

그 뒤 영국에서 제임스 2세가 당시 국교인 성공회 대신 가톨릭을 옹호하고 전제정치를 펴자 혁명이 일어났다. 의회는 1688년 6월 네덜란드의 왕 빌럼 3세 부부에게 영국의 자유 수호를 위해 군대를 이끌고 오도록 요청했다. 빌럼 3세는 영국 공주의 아들로 외가 쪽으로 영국 왕실 혈통이었고, 그의 부인 메리 스튜어트는 제임스 2세의 딸로 영국 왕위 계승 서열 1위였다. 사실 빌럼 3세도 미리부터 영국 입성을 준비하고 있었다. 그해 11월 빌럼 3세와 메리 부부는 1,700문의 대포를 탑재한 53척의 군함과 이를 뒤따르는 수백 척의 선박에 기마병 3,000명, 보병 1만 명을 이끌고 영국에 상륙했다. 그러자 영국 귀족과 지방 호족들도 잇달아 빌럼 진영에 가담했다. 1688년의 사건은 피 한 방울 흘리지 않고 통치자를 교체했기 때문에 무혈혁명 곧 '명예혁명'이라 불린다.

이듬해 2월 빌럼 부부는 의회가 제출한 '권리선언'을 승인한 다음 공동 왕위에 올랐다. 네덜란드의 통치자 빌럼 3세가 영국 왕 윌리엄 3세가 된 것이다. 빌럼 3세를 따라 영국으로 건너간 인원은

조지프 말린이 1860년경에 세계 최초의 '피시앤드칩스' 가게 '말린스'를 방직 공장이 몰려 있던 런던 동부에 열었다.

무장 병력을 포함하여 3만여 명이었다. 민간인 가운데 반 정도가 유대 금융인들이었다. 세파르디 유대인(스페인계 유대인) 3,000명과 아슈케나지 유대인(독일계 유대인) 5,000명 등 유대 금융인 8,000여 명이 이때 영국으로 옮겨갔다.

유대인이 이렇게 두 번에 걸쳐 네덜란드에서 영국으로 옮기면서 관습과 전통은 물론 음식을 가져왔다. 유대인의 대구 튀김은 런던에서 인기 있는 길거리 음식이 됐다. 이후 19세기에 동유럽에서 온 아슈케나지 유대인이 감자튀김을 가져왔다. 그 무렵 영국에 흉년이 들면서 빵값이 폭등하자 영국인도 빵 대신 감자튀김을 먹었다.

생선튀김과 감자튀김의 운명적 결합은 조지프 말린Joseph Malin

피시앤드칩스는 유대인의 손에서 시작해 영국의 대표 음식이 되었다. 포르투갈의 유대인이 먹던 '바칼랴우(대구) 튀김'이 유대인의 이동을 따라 네덜란드로 건너가 '키벨링'이 됐으며 영국에서 '피시앤드칩스'가 된다.

이라는 유대인에 의해 이루어졌다. 그는 두 음식을 결합해 1860년 경에 세계 최초의 피시앤드칩스Fish & Chips 가게 '말린스Malin's'를 방직 공장이 몰려 있던 런던 동부에 열었다. 피시앤드칩스는 테이크아웃이 가능한 최초의 영국식 패스트푸드로 신문지에 둘둘 말아 팔았다. 게다가 가격도 저렴했다. 피시앤드칩스를 싼 가격에 팔 수 있었던 이유는 산업혁명이 낳은 철도로 수산물 수송 속도가 빨라졌고, 면직물의 발달로 면화씨를 이용한 저렴한 면실유가 풍부해졌기 때문이다.

이 음식이 노동자들 사이에서 인기가 높아지면서 영국 전역으로 번져 나가며 대중의 입맛을 사로잡았다. 제2차 세계대전 중 영국은 배급제를 시행했는데 생선과 감자는 배급제 영향을 받지 않은 식품이었다. 피시앤드칩스는 전쟁 중 영국 국민의 허기를 달랠 수 있는 거의 유일한 음식이었다. 이렇게 피시앤드칩스는 유대인의 손에서 시작하여 영국 음식의 상징이 되었다.

[더 읽을거리]
유대인 안식일 음식 바칼라우 튀김이 피시앤드칩스가 됐다

이사벨 여왕과 페르난도 왕 (출처: 위키피디아)

영국의 대표 음식 피시앤드칩스에는 유대인 방랑사의 애환이 깃들어 있다. 피시앤드칩스 이야기는 안개가 자욱한 영국의 해안이 아니라 강한 햇살이 내리쬐는 스페인과 포르투갈에서 시작된다.

1492년 1월 2일 스페인 왕국의 이사벨 여왕과 페르난도 왕은 마지막 무슬림을 그라나다에서 몰아내고 석 달도 되지 않은 3월 31일에 유대인 추방령을 발표했다. 칙령에서 명시한 유대인의 죄는 '신성한 가톨릭 교리와 신앙 깊은 교도들을 무너뜨리려 시도했다'는 것이다. 이런 이유로 유대인 17만 명이 한꺼번에 추방당했다. 1480년 이래 종교재판을 피해 빠져나간 사람까지 합치면 26만 명 이상의 유대인이 스페인을 떠났다.

스페인 영토에서 추방된 유대인 17만 명 가운데 10만 명은 값을 지불하고 인근 포르투갈로 입국했다. 이후 포르투갈의 유대인이 안식일에 먹던 바칼랴우 튀김이 유대인의 궤적을 따라 네덜란드로 건너가 키벨링이 됐으며 영국에서 피시앤드칩스로 자리 잡게 된다.

철학자로 독일 경제를 성장시켰다
(모제스 멘델스존 이야기)

계몽주의 철학으로 유대인을 해방시키다

결혼식에 참석한 하객이 마지막에 신랑 신부가 희망찬 미래를 향해 발걸음을 옮길 때 듣는 음악이 있다. 그때 연주되는 행진곡은 야코프 펠릭스 멘델스존이 17세에 작곡한 극음악 「한여름 밤의 꿈」의 결혼식 장면에 나오는 음악이다. 1858년 영국 빅토리아 공주와 프러시아의 윌리엄 왕자의 결혼식에서 연주된 이후 일반인의 결혼식에서도 널리 연주되고 있다.

1809년 멘델스존은 함부르크의 부유한 은행가의 아들로 태어났다. 1811년 나폴레옹이 함부르크를 점령하자 멘델스존 가족은 베를린으로 이주했다. 주변에 유대 회당인 시나고그가 없어 교리가 유대교와 가장 비슷한 루터교도가 됐다. 멘델스존은 일찍부터 음악 교육을 받아 여러 악기를 다뤘고 9세 때 피아노 연주회에 나가 갈채를 받았다. 그는 유대인답게 그리스어, 이탈리아어, 영어, 프랑

모제스 멘델스존(왼쪽)과 작곡가인 손자 펠릭스 멘델스존 (출처: 위키피디아)

스어, 라틴어에 능통했을 뿐만 아니라 그림에도 소질이 있었다.

멘델스존은 10세 때부터 작곡을 했다. 그가 작곡한 「피아노 4중주 작품 3」을 괴테에게 헌정하면서 노년의 괴테와 12세의 음악가 멘델스존 사이에 우정이 싹텄다. 괴테는 멘델스존이 모차르트보다 뛰어난 천재라고 단언했다. 멘델스존이 첫 번째 교향곡을 작곡한 때가 15세였고 이듬해 최고 걸작품 중 하나로 알려진 「현악 8중주」를 작곡했다. 그의 극음악 「한여름 밤의 꿈」은 셰익스피어의 희곡을 바탕으로 작곡한 것으로 17세의 나이에 작곡했다고 믿기 어려울 정도로 경쾌하고 힘차고 뛰어난 완성도를 지니고 있다.

아버지 아브라함 멘델스존은 아들 멘델스존이 유명해지자 "나는 저명한 아버지의 아들이었지만 이제는 저명한 아들의 아버지가 되었다."라는 말을 했다고 한다. 아브라함의 저명한 아버지는 바로 계몽주의 철학자로 유명한 모제스 멘델스존 Moses Mendelssohn이다.

2013년 3월 31일 마린스키 극장에서 공연된 「한여름 밤의 꿈」. 셰익스피어의 동명 희곡은 발레는 물론 연극, 영화, 음악 등 다양한 예술 작품의 바탕이 됐다. 작곡가 멘델스존이 17세에 작곡한 음악극 「한여름 밤의 꿈」도 그중 하나다. 연인들이 우여곡절 끝에 운명의 사랑을 찾아가는 이야기가 척추 장애를 극복하고 첫눈에 반한 여인을 아내로 맞이한 할아버지의 러브 스토리를 연상시킨다.

유대인 사회에서는 모세 데사우로 알려져 있다.

근대 들어 네덜란드에서는 종교적 관용 덕분에 유대인이 기를 펴고 살 수 있었다. 그때 유럽 유대인 사회에도 큰 변화가 일어났다. 하나는 게토에서의 해방이었고, 또 다른 하나는 나폴레옹에 의한 유대인의 자유 선포였다. 이 모두가 홉스, 로크, 몽테스키외, 볼테르, 루소 같은 사상가가 주도하는 계몽주의 덕분이었다.

17~18세기 유럽 유대인 공동체의 학문 활동은 미약했다. 유대인 대부분이 게토에 갇혀 있었던 원인도 컸다. 당시 계몽주의 사상가들은 소수 민족에게도 평등권을 줄 것을 주장했다. 인간 이성의

힘과 진보, 자유와 평등을 외친 계몽주의 정신에 힘입어 서유럽 대부분 국가에서 18세기 말엽에 유대인은 게토로부터 해방됐다.

유대교 사상과 계몽주의 사상을 융합하다

모제스 멘델스존은 폐쇄적인 유대교 교리와 전통에 얽매여서는 더 이상 미래가 없다고 보고 유대인 사회를 서구 사회에 접목하기 위해 노력했다. 더 나아가 그는 유대교 신앙과 계몽주의 사상의 융합을 시도했다. 그는 유대인이 바깥 사회와 어떻게 하면 잘 융합될 수 있는지에 대한 방향성을 제시했다.

그는 신동이었으나 어려서부터 지나치게 공부에 열중한 나머지 몸이 허약해져 척추장애인이 됐다. 그럼에도 어린 멘델스존은 서구 사회의 학문을 익혀 두 세계의 가교 역할을 해야겠다고 생각하여 몰래 라틴어뿐만 아니라 독일어, 프랑스어, 그리스어를 배우고 수학, 과학, 철학 등을 익혔다. 베를린아카데미가 1763년에 「형이상학적 진리의 판명성」에 관한 논문을 모집했는데 그가 칸트를 누르고 최고점을 땄다. 이 일로 일약 전국적으로 유명한 명사가 돼 '보호 유대인'의 특권이 주어졌다. 이는 유대인에게 부과된 모든 제한 사항에서 해방되는 유대인을 가리킨다.

그 뒤 1767년 플라톤의 유명한 『대화』를 모델로 삼아 『파이돈』을 저술했다. 이 책은 당시 유행하던 유물론에 맞서 영혼의 불멸을 옹호한 글로서 베스트셀러가 됐다. 여러 언어로 번역됐고 유럽 전체에 커다란 영향을 끼쳤다. 이 책으로 멘델스존은 '독일의 플라

모제스 멘델스존(왼쪽)이 독일의 극작가 고트홀트 에프라임 레싱(서 있는 사람), 스위스의 시인 요하나 카스퍼 라바터(오른쪽)와 토론하고 있다. 당대 지식인들과 폭넓게 교류했던 모제스 멘델스존은 유대인이 그들만의 세상에서 벗어나 넓은 세계의 일반 문화에 녹아들어야 한다고 강조했다. (출처: 위키피디아)

톤'이라는 별명을 얻게 된다.

멘델스존은 유대인에게 독일어를 가르칠 필요성을 절감하고 1783년 유대인의 경전 『토라』를 독일어로 번역했다. 당시 보수적인 유대인은 그들의 거룩한 책이 다른 언어로 번역되는 것을 싫어했다. 유대인은 스스로를 주변 문명으로부터 분리하고 자신들의 문화유산만을 고집했다. 멘델스존은 유대인이 정신적인 게토를 벗어나 넓은 세계의 일반 문화로 나와야 한다고 생각했다. 그는 『토라』의 히브리어 원문 옆에 히브리어 문자로 음역한 독일어 번역문을 나란히 두어 유대인이 쉽게 독일어를 배우도록 했다. 이로써 게토와 바깥세상이 소통을 시작한 것이다. 다른 한편으로 그는 외부인이 유대인을 이해할 수 있도록 하는 데 진력했다.

그의 노력이 열매를 맺어 각 나라에서 유대인의 대우에 대한 법률들이 개정됐다. 유대인 사회에서도 바깥 학문을 유대 교육과정으로 채택했다. 멘델스존은 비록 정통파 유대교로부터 배척받았으나 미래를 위해 유대인을 준비시킨 개혁 사상가였다. 멘델스존의 생각에 동조하는 유대인들이 늘어나면서 율법과 전통 중 많은 것을 현대 사상에 맞추어 수정하거나 포기하는 개혁파 유대인이 1800년대 초 독일에서 등장했다. 이들이 1840년대에 미국으로 이주해 오늘날 유대교의 주류가 됐다. 현대 유대교는 크게 세 분파로 구분된다. 60퍼센트 이상이 개혁파이고 15퍼센트 내외가 정통파이고 그리고 나머지가 정통파와 개혁파 사이의 중도 격인 보수파다.

노력하여 가난의 고리를 끊고 금융 가문을 일구다

모제스 멘델스존은 경제사에서 학자의 영역에만 머무르지 않고 유대인답게 스스로 노력하여 가난의 고리를 끊고 굴지의 금융 가문을 일구는 데 성공했다는 점으로 주목받는다. 그는 베를린에서 고학하며 공부하다 21세 때인 1750년 '보호 유대인' 자격을 가진 부유한 비단 공장 주인 아이작 베른하르트 집에 가정교사로 들어갔다.

그 뒤 자녀 교육뿐만 아니라 1754년부터는 비단 공장의 회계를 도와주며 능력을 인정받아 나중에는 동업자가 됐다. 그리고 그의 나이 32세인 1761년에 독자적으로 회사를 경영했다. 그 뒤에도 그는 경영과 학문의 길을 병행하며 금융가로 우뚝 서 사업과 학문 양쪽 분야에서 모두 큰 발자취를 남겼다. 이후 멘델스존 가문은 독일의 3대 금융 가문의 하나로 성장하여 근대 독일의 경제 발전에 크게 기여했다. 그러면서도 꾸준히 학자와 예술가들을 배출했다.

[더 읽을거리]

소설보다 더 극적인 청혼으로 사랑을 쟁취하다

모제스 멘델스존에게 유명한 일화가 있다. 그는 푸근한 인성과 명석한 두뇌를 가졌지만 척추장애인이었다. 그런 그는 함부르크의 부유한 유대 상인인 구겐하임과 친분을 나누게 됐다. 어느 날 구겐하임이 그를 초대했다. 구겐하임에게는 프로멧Fromet Gugenheim이라는 아름다운 딸이 있었다. 프로멧은 멘델스존이 쓴 작품에 심취해 직접 만나보기를 고대했다. 그러나 멘델스존을 직접 만난 프로멧은 그의 흉측한 외모에 충격받아 그 자리에서 도망치고 싶은 마음뿐이었다. 하지만 멘델스존은 첫눈에 사랑에 빠지고 말았다.

멘델스존은 헤어질 시간이 다가오자 부끄러워하며 물었다. "당신은 결혼할 배우자를 하늘이 정해준다는 말을 믿나요?" 프로멧은 창밖으로 고개를 돌린 채 차갑게 대답했다. "그래요. 그러는 당신도 그 말을 믿나요?" 멘델스존이 말했다. "네! 그렇습니다. 유대인 남자가 이 세상에 태어나는 순간 신은 그에게 장차 그의 신부가 될 여자를 정하십니다. 그런데 그녀가 척추장애인이 될 운명이었습니다. 저는 놀라서 신에게 필사적으로 소리쳤습니다. '안 됩니다. 신이시여! 소녀가 등에 혹을 갖게 되면 그 소녀는 슬픔과 불행을 감내하기 힘듭니다. 차라리 저를 척추장애인으로 만드시고 그녀에게는 아름다움을 주십시오.' 그렇게 해서 제가 척추장애인으로 태어난 것입니다."

훗날 프로멧은 멘델스존의 아내가 됐다. 소설 같은 '한여름 밤의 꿈'이 실제 이루어진 것이다.

페트로 달러 체제 구축으로 달러 패권을 지켰다
(헨리 키신저 이야기)

피해자로 쫓겨났다가 점령군으로 복귀하다

헨리 키신저는 1923년 바이마르 공화국에서 유대인 집안의 장남으로 태어났다. 1933년 히틀러가 정권을 잡자 유대인 아이들은 툭하면 길에서 두들겨 맞았다. 단지 유대인이라는 이유였다. 어린 키신저는 학교에서도 청소년 갱단의 폭력에 시달렸다.

반유대주의에 생명의 위협을 느낀 그의 가족은 키신저가 열다섯 살 때 피난길에 올라 1938년 8월 뉴욕으로 이민을 왔다. 대학살이 시작되기 석 달 전이었다. 그 뒤 키신저는 면도기 공장에서 일하며 야간 고등학교를 다녔다. 이후 뉴욕 시립대학교에서 회계학을 공부하다 1943년 미군에 입대했다. 이로써 미국 시민권을 취득했고 제2차 세계대전에도 참전했다. 어린 시절 폭력을 피해 도망쳤던 고향 독일에 이번에는 점령군 자격으로 복귀하는 과정에서 키신저는 국가 간 힘의 충돌을 몸소 체험했다. 이는 훗날 그의 현실주의

헨리 키신저 (출처: LBJ 라이브러리, 2016. 4. 26)

외교의 토대가 된다.

그는 전후 제대 군인 장학금으로 하버드대학교에서 정치학을 전공한 뒤 대학원 때 지도교수 도움으로 정부 컨설팅 일을 했다. 그 과정에서 1951년 한국에 와서 6·25 전쟁 상황을 볼 수 있었다. 이후 1954년 비엔나조약 분석으로 박사학위를 받은 뒤 하버드대학교에서 국제정치학 교수로 재직하면서 정부 관련 일을 계속했다. 1957년 저서 『핵무기와 외교』에서 아이젠하워 행정부의 '대량 보복 전략'을 비판해 학자로서 주목받기 시작했다. 흥미롭게도 당시 소련 군부도 키신저의 저서를 높이 평가했다.

닉슨 대통령의 중국 방문을 성사시키다

키신저에 대한 평가는 엇갈린다. 미국의 국익을 위해서라면 어떤

닉슨과 헨리 키신저(위), 마오쩌둥과 키신저(아래)

수단이든 서슴지 않았던 현실주의자인 키신저가 처해 있던 시대 상황을 보자. 키신저는 1969년 닉슨이 미국 대통령이 되자 국가안보보좌관으로 발탁됐다. 1971년 7월 키신저는 죽음의 장막에 가려져 있던 베이징을 극비 방문해 이듬해 닉슨의 중국 방문을 성사시켰다. 미국은 중국을 자기편으로 끌어들여 소련을 견제하려고 했다. 또 1972년 제1차 미소 전략무기제한협정과 이듬해 병력 감축 협상으로 소련과 데탕트 정책을 이끌어냈다. 이 과정에서 키신저는 핵전쟁 카드로 소련을 움직여 북베트남을 협상장으로 끌어내 평화협정을 체결했다. 이 공로로 1973년 노벨 평화상을 받았으나 정작 평화가 찾아온 것은 사이공이 함락돼 남베트남이 항복한 1975년 4월 말이었다.

1973년 초 닉슨이 재선되자 국가안보보좌관 직책에 국무장관까지 겸임하게 됐다. 1973년 8월 김대중 납치 사건 때 키신저의 빠른 판단과 도움으로 김대중은 목숨을 구할 수 있었다. 현실 정치 신봉자인 키신저가 1969년부터 1977년까지 이룬 많은 외교 정책 중 가장 큰 업적은 추락하던 달러의 위상을 회복시킨 '페트로 달러 체제' 구축이었다. 그 과정을 살펴보자.

베트남 전쟁으로 수렁에 빠진 미국 경제를 살리다

1944년 7월 미국이 주도한 브레튼우즈 회의에서 영국 대표 케인스가 제안했던 세계화폐는 거부됐고 미국의 의도대로 달러 중심의 금환본위제도가 확립됐다. 35달러를 금 1온스와 교환해주는 금태환을 보장했다. 그즈음 미국은 전 세계 금의 80퍼센트 이상을 갖고 있었다. 1965년 암살당한 케네디 대통령을 승계한 존슨이 베트남 전쟁을 확대하면서 경제는 수렁으로 빠져들었다. 그는 부족한 재정을 메우기 위해 연준에 금 보유와 상관없이 달러를 더 발행하도

리처드 닉슨 전 미국 대통령은 1971년 8월 15일 특별 담화문에서 "더 이상 달러를 금으로 바꿔줄 수 없다"는 금 태환 정지 선언을 발표했다. 당시 이 발표로 국제 외환 시장은 혼란에 빠졌고 달러는 기축통화의 위상을 상실했다. 1984년경 제임스 앤서니 윌스가 찍은 닉슨 공식 사진.
(출처: 위키피디아)

록 압력을 가했다. 이는 브레튼우즈 체제 참가국들을 속이는 행위였다. 연준은 대통령의 압력에 굴복해 화폐 발행량을 늘렸다. 그러자 금환본위제 아래에서 물가가 6퍼센트까지 치솟았다.

1960년대 미국의 금 보유는 전세계 금의 절반 이하로 줄었음에도 오히려 1971년 들어 달러 통화량은 10퍼센트나 늘어났다. 이에 불안을 느낀 서독이 1971년 5월 브레튼우즈 체제를 탈퇴했다. 그러자 다른 나라들도 동요하며 달러를 의심하기 시작했다. 스위스가 먼저 7월에 5,000만 달러를 금으로 바꾸어 갔다. 이어 프랑스도 1억 9,100만 달러를 금으로 태환해 갔다.

8월에는 스위스가 브레튼우즈 체제를 떠났다. 1971년 8월 9일 영국마저 경제 대표가 재무부에 직접 찾아와 30억 달러를 금으로 바꿔달라고 요구했다. 미국 정부는 국가 부도 사태를 불러올지도 모르는 비상 국면에 직면한 것이다.

1971년 8월 13일 닉슨은 측근 참모 열여섯 명을 데리고 캠프 데이비드 밀실 회의실로 들어갔다. 회의는 사흘간 이어졌다. 15일 정오 TV에 등장한 닉슨이 "더 이상 달러를 금으로 바꿔줄 수 없다"는 금태환 정지 선언을 발표했다. 이른바 '닉슨 쇼크'였다. 동시에 닉슨은 모든 수입품에 10퍼센트의 관세를 물리는 보호무역 조치와 90일간 임금과 물가를 동결하는 인플레이션 대책도 함께 발표했다.

닉슨은 「평화의 도전」이란 특별 담화문에서 "최근 몇 주 투기꾼들이 달러에 대한 전면전을 벌이고 있습니다. 따라서 저는 재무장관에게 통화 안정과 미국의 이익을 위해 달러의 금 교환을 일시적으로 중단하도록 지시했습니다."라고 일방적으로 발표했다. 이후 일시적 중단이 영구적 중단이 되었다. 이로써 달러는 전적으로 미국의 신용에 기초한 '신용 화폐Fiat Money'가 됐다. 이렇게 미국이 하루아침에 금과 달러의 연결고리를 끊어버림으로써 그간 금 교환권이라고 믿어온 달러를 종잇조각으로 전락시켰다. 국제 외환시장은 아수라장이 됐다. 무엇보다 달러가 기축통화의 위상을 상실했다.

여기에 엎친 데 덮친 격으로 오일 쇼크가 덮쳤다. 1973년 10월 6일 이스라엘과 아랍 국가 간의 4차 중동전쟁이 발발했다. 이에 따라 석유수출국기구OPEC 회원국들은 이스라엘을 지지하는 나라들

사우디 파이살 국왕이 1971년 5월 27일 워싱턴D.C에 방문해 닉슨 대통령과 만나고 있다. 키신저는 사우디와의 협상을 통해 1974년 6월 '군사 경제 협정'을 체결했다. 미국이 사우디 안보와 왕실의 안위를 보장하는 대신 석유수출국기구는 원유를 달러로만 거래하도록 하는 내용이다. 이 '페트로 달러 체제'는 추락하던 달러의 위상을 회복시켰다. (출처: 위키피디아)

을 제재하기 위해 석유 무기화를 천명하며 원유 가격을 올렸다. 3개월 사이에 석유 가격이 배럴당 3.01달러에서 11.65달러로 387퍼센트나 급등했다. 또한 이스라엘이 점령지에서 철수할 때까지 이스라엘 지지국에 대한 석유 금수를 결정했다.

1973년 11월 8일 키신저는 사우디아라비아의 파이살 국왕을 접견했다. 이 자리에서 달러의 명운을 좌우할 거래가 은밀히 진행됐다. 미국이 사우디 안보와 왕실의 안전을 보장하는 대신 석유수출국기구는 원유를 오로지 달러로만 판매하는 협상이었다.

추락하던 달러의 위상을 회복시키다

『화폐의 몰락』을 쓴 제임스 리카즈에 따르면, 이 협상을 위해 키신저가 사전에 검토한 또 다른 옵션이 사우디아라비아 침공이었다. 명분은 사우디 내 미국 자본 보호였다. 사우디아라비아의 아람코는 애초 미국 자본에서 출발했다. 1933년 미국 '스탠더드 오일 오브 캘리포니아'가 사우디 정부에서 석유 채굴 허가를 받아 자회사를 설립했다. 이 자회사 '아라비안 아메리칸 오일 컴퍼니'의 약어가 아람코 ARAMCO다.

미국은 금수 조치 해제를 위해 사우디와 협상을 진행하는 동시에 군사 전략도 준비한 것이다. 키신저는 당근과 채찍을 동시에 보여주며 사우디 왕실을 압박해 1974년 6월 '군사 경제 협정'을 체결했다. 이 협정에는 사우디 산업과 군대 현대화 지원 등이 있지만 핵심 내용은 페트로 달러 체제 구축이었다. 이렇듯 페트로 달러 이면에는 당근과 협박으로 사우디가 도저히 거절할 수 없게 만든 키신저라는 인물이 있었다. 그의 외교 행적 곳곳에서 그랬다. 역사는 과연 키신저를 어떻게 평가할까?

[더 읽을거리]
왕성한 호기심과 탐구욕으로 100세까지 장수하다

헨리 키신저는 2023년 11월 29일 향년 100세로 사망했다. 그는 2023년 5월 18~21일 리스본에서 열린 빌더버그 회의에 참가했다. 회의의 의제는 '인공지능AI, 은행 시스템, 중국, 에너지 전환, 러시아, 초국가적 위협, 우크라이나' 등인데 그중 핵심은 '인공지능'이었다고 한다. CNBC 보도에 따르면 회의엔 총 23국에서 130명 인사가 참가했다. 챗GPT의 아버지 샘 올트먼, 마이크로소프트의 사티아 나델라, 구글 딥마인드의 데미스 허사비스, 에릭 슈미트 전 구글 회장 등 인공지능 관련 인사들도 참가했다. 키신저는 2021년 『AI 이후의 세계』라는 책을 에릭 슈미트 등과 함께 공저로 출간한 바 있다.

키신저는 이 회의 후 그의 100세 기념행사(5월 27일)를 위해 뉴욕, 런던을 거쳐 고향인 독일 퓌르트로 이동했다. 키신저는 2022년에도 『리더십』이라는 책을 출간했고 지금은 또 다른 책을 집필 중이었다고 한다. 나이에 구애받지 않는 왕성한 호기심과 탐구욕이다. 특히 그는 최근 언론 인터뷰를 통해 미국과 중국의 갈등에 대해 잇따라 강한 경고 메시지를 던지며 파국을 막기 위해서는 공존할 길을 찾아야 한다고 강조하고 있다.

거물 두 명이 미국 현대 금융사를
만들어나갔다
(샌디 웨일과 제이미 다이먼 이야기)

샌디 웨일, 시티그룹을 일구다

미국 현대 금융사에서 주목해야 할 두 사람이 있다. 샌디 웨일Sandy Weill 전 시티그룹 회장과 제이미 다이먼Jamie Dimon 현 JP모건체이스 회장이다. 두 사람은 16년간 동고동락한 사제지간이다. 1933년 브루클린의 빈민가에서 태어난 폴란드계 유대인 웨일은 코넬대학교 졸업 후 월급 150달러를 받는 리먼브라더스 견습생을 거쳐 27세 때 20만 달러를 빌려 증권회사 '시어슨'을 창업했다. 이후 그는 부도 직전의 회사를 싼값에 인수해 과감한 정리해고와 비용 절감으로 정상화한 뒤 매각한 자금으로 새 회사를 인수하는 방식으로 20년 동안 15회 이상의 인수합병을 성공시켜 시어슨을 미국 2위의 증권사로 키워냈다. 그리고 이를 1981년 아멕스에 10억 달러를 받고 팔아 월가를 놀라게 했다.

웨일이 아멕스에서 증권 부문 사장으로 일할 때 그를 찾아온 청

샌디 웨일(전 시티그룹 회장)과 제이미 다이먼(JP모건 회장)
(출처: 위키피디아)

년이 제이미 다이먼이다. 그의 본명은 제임스이고 제이미라는 애칭으로 불렸다. 1956년 그리스계 유대인 가정에서 태어난 다이먼은 증권 브로커였던 할아버지와 아버지 영향으로 어린 나이에 자본과 금융에 눈을 떴다. 다이먼이 1982년 하버드 경영대학원을 마치고 진로를 의논하기 위해 아버지의 상사인 웨일을 찾아간 것이다. 당시 25세의 다이먼은 골드만삭스 등 여러 곳으로부터 고액 연봉의 취직 제의를 받은 상태였다. 웨일은 그 자리에서 다이먼에게 자신을 도와달라면서 함께 일하자고 했다.

 다이먼은 흔쾌히 웨일의 제안을 받아들였다. 16년의 끈끈한 인연은 이렇게 시작됐다. 웨일은 다이먼을 자신의 비서로 채용했다. 그 뒤 다이먼은 인수·합병을 추진하는 웨일의 손발이 됐다. 1985년 웨일은 아멕스 이사회에 펀드보험 부문을 자신에게 넘길 것을 제안했다. 이 제안이 받아들여지지 않아 웨일이 아멕스를 떠날 때 유일하게 따라나선 인물이 다이먼이었다.

웨일은 월가의 대형 은행들이 도매금융과 기업금융에 매달릴 때 소매금융으로 눈을 돌렸다. 다이먼과 함께 1986년 커머셜크레디트를 인수해 알짜 회사로 키워나가던 웨일은 스미스바니를 자회사로 거느린 프라이메리카를 인수하고 채권시장의 강자 살로먼브라더스를 합병해 트래블러스그룹을 이루었다. 그리고 1998년 4월 다이먼과 함께 트래블러스그룹과 시티코프의 합병을 이끌었다.

1998년 4월 샌디 웨일이 주도한 시티코프와 트래블러스그룹의 합병은 세계 금융사에서 한 획을 긋는 중요한 사건이었다. 1998년 초 시티코프의 존 리드 회장과 트래블러스그룹의 샌디 웨일 회장 간에 합병 논의가 신속하게 진행됐다. 트래블러스는 보험사, 증권사, 투자은행 업무를 하는 이른바 제2금융권이었다. 반면 시티코프는 세계 100여 국가에 지점을 둔 제1금융권이었다. 합병은 트래블러스가 주도하여 2개월도 안 되어 성사됐다. 이로써 세계 27만 명의 직원과 2억 명의 고객을 확보한 초대형 금융종합그룹이 탄생했다. 샌디 웨일은 합병 과정에서 벌어진 존 리드 회장과의 권력 투쟁에서 승리했다.

오늘날 시티그룹을 일군 샌디 웨일의 인생은 '현대 미국 금융사' 그 자체라고 해도 과언이 아니다. 시티그룹의 탄생은 웨일의 영향력으로 이듬해 글래스-스티걸법(투자은행과 상업은행의 업무 병행 금지)을 폐지하는 계기가 된 역사적 사건이다. 이후 '큰 것이 아름답다'가 금융계의 트렌드가 됐다. 이 합병에 자극받아 세계 금융업계에서 초대형 짝짓기가 줄을 이었다. 그 무렵 다이먼은 웨일의 틀림없는 후계자였다. 다이먼은 시티그룹 계열 증권사인 살로먼스미스바니의 공동 최고경영자를 맡았다. 당시 42세였다. 다이먼이 최고경영자로 발탁되자 시티그룹 후계자로 낙점됐다는 소문이 파다했다.

그러나 시티그룹이 완성되자 웨일과 다이먼 사이에 틈이 벌어지기 시작했다. 웨일에게는 제시카라는 딸이 있었다. 그녀는 다이먼 밑에서 일했는데 승진이 좌절되자 회사를 떠났다. 웨일은 분노했다. 이후 그는 다이먼이 관리하던 자산운용 부문을 직접 챙겼다. 그 뒤 다이먼이 맡고 있던 살로먼스미스바니가 손실을 내자 1998년 11월 다이먼을 시티그룹에서 쫓아냈다. 합병한 지 7개월 만이었다. 웨일에게는 가혹했다. 떠나는 다이먼이 시티그룹의 우수 직원들을 데려가지 못하도록 3년 동안 스카우트하지 않겠다는 서약서를 요구했다.

제이미 다이먼, JP모건체이스를 일구다

다이먼은 이를 악물었다. 골프도 치지 않던 그가 복싱을 배우기 시작했다. 인고의 시간이었다. 그 뒤 수많은 기업이 다이먼에게 최고경영자 자리를 제의했다. 다이먼의 목표는 하나였다. 웨일의 시티그룹을 꺾는 것이었다. 그는 시카고의 뱅크원을 택했다. 다이먼이 뱅크원을 선택했다는 뉴스에 뱅크원 주가가 20퍼센트나 올랐다. 그만큼 월가는 다이먼의 능력에 주목했다.

그는 기대를 저버리지 않고 진가를 보여주었다. 적자에 허덕이던 뱅크원을 2002년 22억 달러 흑자로 바꿨다. 7,000여 명을 감원하는 극약 처방을 단행하면서 주가를 60퍼센트 이상 끌어올렸다. 그 뒤 뱅크원과 JP모건체이스의 합병을 추진했다. 2004년 1월 JP모건체이스와 뱅크원의 합병이 성사되면서 시티그룹의 뒤를 바짝 추격하는 2위 은행이 됐다. 합병 조건을 보면 다이먼의 의도를 알 수 있다. JP모건체이스가 뱅크원을 550억 달러라는 저렴한 가격에 사들이는 대신 다이먼은 2년 뒤인 2006년에 합병 은행의 최고경영자로 내정됐다. 흡수된 은행의 최고경영자가 합병 후 최고경영자가 되는 유례없는 계약을 맺은 것이다. 이렇게 다이먼은 다시 월가로 돌아왔다.

2008년 초 글로벌 금융위기가 터지자 미국 재무부와 연방준비제도Fed(연준)가 파산 직전의 베어스턴스를 다이먼이 이끄는 JP모건체이스에 다급하게 넘겼다. 그 덕분에 JP모건체이스는 미국 5대 투자은행인 베어스턴스를 24억 달러라는 헐값에 인수했다. JP모건체이스는 금융위기의 구원투수라는 명분과 함께 연준의 자금까지 지원받으며 자사의 취약점인 주식중개와 모기지 사업 강자인 베어스턴스를 거저먹다시피 했다.

이 협상의 막후 주인공은 당시 뉴욕연방준비은행 총재였던 티모시 가이트너와 다이먼이었다. 앞서 둘은 뉴욕연준의 총재와 실세 이사로 호흡을 맞추고 있었다. 다이먼은 구조조정 귀재답게 1만 3,000명의 베어스턴스 인력을 절반 이하로 줄였다. 2008년 9월에는 미국 최대 저축은행인 워싱턴뮤추얼을 19억 달러에 인수했다.

JP모건체이스는 베어스턴스와 워싱턴뮤추얼을 인수하며 단숨에 시가총액 1위를 차지했다. 반면 1998년부터 2005년까지 세계 1위였던 시티그룹은 금융위기 이후 4위로 내려앉았다.

다이먼의 주가는 천정부지로 치솟았다. 그가 추진했던 정책들이 번번이 옳았다는 것이 입증되면서 '위기관리의 귀재'로 불리며 월가의 황제가 됐다. 다이먼은 친한 가이트너가 2009년 오바마 행정부의 재무장관으로 발탁되면서 월가뿐만 아니라 연준과 재무부를 막후에서 움직이는 실세가 됐다.

[더 읽을거리]
경제 허리케인이 몰려오고 있는가

2022년 6월 10일 발표된 미국의 5월 소비자물가지수CPI가 41년 만에 8.6퍼센트 오르며 인플레이션 우려를 크게 키웠다. 역대 최악이었다. 이로써 미국 최대 은행인 JP모건체이스 CEO 제이미 다이먼이 '경제 허리케인'이 몰려오고 있다고 한 경고가 다시 주목받고 있다.

그는 연초부터 미국 경제에 먹구름이 몰려오고 있다고 경고했는데 최근 들어 허리케인으로 바꿨다. 특히 지난 6월 1일 뉴욕의 한 금융 콘퍼런스에서 다이먼은 "지금은 날씨가 화창하고 모든 것이 잘되고 있다. 연준이 일을 잘 처리하고 있다고 모두가 생각한다. 그러나 그 너머에 허리케인이 몰려오고 있다."라고 말해 통화정책 관리에 실패한 연준을 정조준해 비판했다.

다이먼은 허리케인의 첫 번째 이유로 연준의 '양적 긴축'을 꼽았다. "우리는 역사책을 쓸 수 있을 정도의 뭔가를 보게 될 것"이라고 우려했다. 이어 "너무 많은 유동성이 풀렸기 때문에 연준으로서는 다른 선택지가 없다. 투기를 멈추고 집값을 내리기 위해 유동성을 줄여야 한다"라고 설명했다. 두 번째 요인으로는 우크라이나 전쟁의 장기화에 따른 원자재 가격 상승을 들었다. "유가는 배럴당 150~175달러까지 오를 가능성이 있다."라고 예상했다.

경제적 합리성이 더 나은 세상을 만들 수 있다
(래리 서머스 이야기)

IMF 사태를 막후에서 다루고 조종하다

지난 62년간 이어져 온 미국의 소수 인종 우대 정책이 연방대법원의 위헌 판결로 폐지 수순을 밟게 되면서 미 명문대의 입시 불공정 논란에 불이 붙었다. 래리 서머스 하버드대학교 명예교수는 『워싱턴포스트』(2023. 7. 1) 기고문을 통해 차제에 고가의 입시 컨설팅이 통하지 않는 개혁 조치를 주문했다. "아이비리그 출신의 부자 부모의 지원 아래 비싼 사립학교를 다닌 학생이 가난한 공립학교 출신보다 입시에 유리한 것으로 보여 불편하다"며 "명문대는 입시 제도를 전향적으로 바꿔야 한다"고 주장했다.

래리 서머스는 1954년 유대인 경제학자 부부의 아들로 태어났다. 아버지는 펜실베이니아대학교 경제학 교수였고 어머니도 같은 학교 경영대 교수였다. 삼촌은 노벨 경제학상 수상자이자 MIT 교수인 폴 새뮤얼슨이었으며 외삼촌 역시 노벨 경제학 수상자인 케

래리 서머스는 28세에 하버드대학교 최연소 종신교수가 됐고 총장을 역임했고 빌 클린턴 행정부 때 재무부 장관을 역임했고 버락 오바마 행정부 때는 국가 경제위원회 위원장을 역임했다. 2023년 11월에 오픈AI의 사외이사로 합류했다. (출처: 하버드대학교)

네스 애로 스탠퍼드대학교 교수였다. 서머스는 어렸을 때부터 식탁에서 친척들의 열띤 경제학 토론을 지켜보며 자랐다. 그러다 보니 자연스레 경제적 합리성이 더 나은 세상을 만들 수 있다고 믿었다. 집안 내력답게 그는 28세에 하버드대학교 역사상 가장 젊은 종신교수가 됐고 38세에는 40세 이하 최고 경제학자에게 주는 클라크 메달을 수상했다. 이창용 한은 총재는 그의 박사과정 지도교수였던 서머스에 대해 "한 분야에 국한되지 않고 재정학, 노동경제학, 거시경제학, 금융경제학, 경제발전론 등 각 분야를 망라하는 박식함이 가장 큰 특징"이라고 평했다.

이후 서머스는 대통령 경제자문위원과 세계은행 수석 분석관을 거쳐 1993년 재무부에 입성해 차관과 부장관을 거쳐 장관으로 승

래리 서머스의 삼촌인 폴 새뮤얼슨(왼쪽)은 MIT 교수로 1970년 노벨 경제학상을 받았고 외삼촌인 케네스 애로 스탠퍼드대학교 교수 역시 1972년 노벨 경제학상을 받았다.
(출처: 위키피디아)

진했다. 그가 부장관 시절인 1997년 말 재무부 유대인 3인방이 우리나라 IMF 사태를 막후에서 거칠게 다루며 조종했다. 로버트 루빈 재무장관, 래리 서머스 부장관, 티머시 가이트너 차관보다. 그는 2001년 장관직에서 물러난 후 하버드대학교 총장을 지냈고, 오바마 정부 시절 국가 경제위원회 위원장을 역임했다.

그는 2021년 6월 '인플레이션이 일시적이라는 연준 판단은 잘못된 것'이라고 경고했다. 그리고 2023년 3월에는 "나는 6개월 후가 두렵다"며 "팬데믹 기간의 경기 부양책 덕분에 쌓인 국민들의 초과 저축이 곧 바닥을 보이면서 경제가 순식간에 급락하는 '에어포켓'에 도달할 수 있다"고 전망했다. 그는 2022년 4월 블룸버그 TV에 출연해 "세계의 다른 권력들(중국, 오펙+, 브릭스)이 연합하고, 아직 연합하지 않은 국가들 사이에서도 호감을 얻는 것을 보면서 미국이 세계적인 영향력을 잃고 있다는 '불안한 징후'가 나타나고 있다"고 말했다. 그는 "글로벌 파워가 뭉치면서 미국이 소외되고 있다"고 걱정하며 "우리는 역사의 옳은 편에 있었다. 민주주의에 대한 헌신과 러시아에서의 공격에 대한 저항 등이 대표적이다. 그러나 미국은 외로워지고 있다"고 진단했다. 과연 서머스가 걱정하는 불안한 징후들과 걱정이 어떠한 것들인지 살펴보자.

미국 외 중국, 오펙+, 브릭스 등의 다른 권력들이 연합한다

그는 '중국, 오펙+, 브릭스'의 포위 전략을 우선적으로 꼽았다. 중국은 1조 달러 이상의 공을 들인 일대일로 사업을 통해 주변국들을 포섭하고 있다. 초원, 대륙, 해상의 3개 실크로드에 걸친 일대일로 선상의 국가만 64개국이다. 그리고 중국과 협약을 체결한 국가는 151개국에 달해 세계 195국의 4분의 3이 넘는 수치이다. 또 중국이 주도하고 있는 '상하이협력기구SCO'도 정회원 9개국, 준회원 3개국, 협력 파트너 13개국인데 최근에 사우디아라비아가 가입을 신청했다. 2022년에 열린 22차 정상회의에서는 탈달러화를 위한 회원국 간 독자 결제 시스템 개발과 상하이협력기구SCO 개발은행 창설 논의가 주 의제였다.

오펙 플러스OPEC+는 기존 석유수출국기구OPEC 14개국과 러시아 등 기타 산유국 등 24국이 석유 정책을 논의하는 회의체다. 미국이 셰일가스 덕분에 석유 수출국이 되자 중동의 전략적 가치가 감소했다. 걸프만 주둔 미군을 감축하고 항공모함 두 척을 남중국해로 이동시켰다. 이후 미국의 아프가니스탄과 시리아에서의 일방적 철수는 중동 산유국들을 불안케 했다. 이 틈을 비집고 중국이 들어왔다. 2022년도 말 시진핑이 사우디를 방문했을 때 걸프만 6국과 21개 아랍연합 국가와의 정상회의를 연달아 가지면서 '중국-아랍 운명공동체 구축'에 총력을 기울이기로 합의하고 연도별 세부 공동 행동 계획을 마련했다. 이때 등장한 '운명공동체'라는 단어가 강렬하다. 이후 중국의 중재로 오랜 앙숙인 사우디와 이란이 관계 정상화에 합의했다.

브릭스 경제동맹체의 확대 계획도 예사롭지 않다. 브릭스는 B의 브라질, R의 러시아, I의 인도, C의 중국, S의 남아프리카 공화국 등 5개국을 의미한다. 2023년 초 러시아 외무부는 가입 희망국 수가 20개국에 달한다고 밝혔다. 브릭스는 2023년 8월 남아공 정상회의에서 조직 확대와 브릭스 공동 통화 발행 계획에 대해 본격적으로 논의할 예정이다. 이를 위해 6월에 브릭스 외무장관 회의가 먼저 열렸다. 여기에 브릭스 가입을 희망하는 사우디아라비아를 포함한 15국 외무장관이 초대됐다. 그리고 3월 러시아 국회 부의장에 의하면, 브릭스 공동 통화 1단계는 특정국 화폐, 2단계는 디지털 화폐, 최종 3단계는 금과 희토류를 기반으로 하는 스테이블코인을 고려하고 있다고 밝힌 바 있다.

미국은 다시 세계적 리더로 거듭나야 한다

이뿐만이 아니다. 트럼프 시절 미국 우선주의를 내세우며 기후협약 일방적 탈퇴, 이란 핵협정 일방 파기로 유럽 동맹국들을 경악시키더니 더 나아가 예루살렘의 이스라엘 수도 선언과 미 대사관의 예루살렘 이전은 일시에 이슬람 연합 57개국의 등을 돌리게 했다. 미국의 뒷마당이라 여겼던 중남미마저 7년째 미국과 캐나다를 빼고 중남미·카리브 공동체 정상회의를 열고 있다.

디커플링에서 디리스킹으로의 변화도 맥락은 비슷하다. 2023년 1월 다보스 포럼에서 유럽연합EU 집행위원장이 미국의 '인플레이션 감축법'에 대응하는 유럽 '탄소중립산업법' 발표 과정에서 미국과 다른 중국 접근 방식인 디리스킹을 주장했다. 이후 프랑스 마크롱은 중국 방문 이후 "우리가 미국의 종속국이냐"고 외치며 대만 문제 등에 미국의 추종을 거부하며 전략적 자율성을 주장했다.

미국 내부 반발도 거세다. 헨리 키신저와 래리 서머스에 이어 현직 장관인 재닛 옐런마저 "중국과 디커플링은 미국에 재난이 될 것"이라고 직격탄을 날렸다. 기업인들의 반발도 잇달았다. 일론 머스크는 미·중 경제가 '샴쌍둥이'라며 "디커플링을 반대"했다. JP모건체이스의 제이미 다이먼도 "태평양 양쪽에서 서로 고함만 질러서는 문제를 해결할 수 없다. 서로 진정한 관계를 희망한다"고 말했다. 빌 게이츠 방중 때는 시진핑 주석이 그를 직접 만나 대중국 인공지능AI 투자를 협의했다. 중국의 제재 대상 기업 마이크론조차 중국 시안에 8,000억 원 추가 투자를 발표했다. 집단 반발도 있었다. '인도·태평양경제프레임워크IPEF'가 중국 배제 '공급망 협력 협정' 맺기 전날인 5월 26일 미국 상공회의소와 200대 기업 모임 비즈니스라운드테이블 등 재계 단체들이 '중국 배제 공급망에 반대한다'는 공개 서한을 발표했다.

미국 정부도 디커플링 정책의 문제를 인지했다. 미중 무역 전쟁 이후 2년간 고율의 관세와 무역 장벽으로 대중 수입 물량을 줄여 봤으나 이제는 오히려 중국으로부터의 수입 물량이 예전보다도 훨씬 늘어났다. 중국의 저렴한 상품 수입이 어려워지면 인플레이션마저 잡기 힘들어진다.

서머스 경고의 함의는 명확하다. 미국 스스로 변해야 한다는 것이다. 이제는 미국이 자국 지상주의에 너무 매몰되지 말고 큰형님답게 우방을 포용하여 세계의 리더로 거듭나길 바란다. 미국은 6·25전쟁 때 젊은이들의 피로 한국을 지켜주었다. 미군 사망자 3만 6,574명, 부상자 9만 2,134명, 실종 또는 포로 8,167명이었다. 어찌 우리가 이를 잊겠는가. 미국 파이팅!

[더 읽을거리]
'경제 우선'의 실용 노선을 택하다

우크라이나 전쟁이 발발했을 때 미국을 지지한 나라는 52개국, 러시아를 지지한 나라는 12개국, 러시아 제재에 참여하지 않고 중립을 지킨 나라는 127개국이었다.

2023년 4월 영국의 주간지 『이코노미스트』는 이들 중립국 중 경제 규모가 비교적 큰 나라 25개국을 선정해 '거래형transactional 25개국(T-25)'이라고 명명했다. 이 나라들이 초강대국 사이에서 한쪽 편을 들지 않고 양쪽과 거래하듯transactional 실용적으로 처신한다는 뜻이다. 여기에 인도, 사우디아라비아, 멕시코, 이스라엘이 끼어 있다. 최근 이스라엘과 미국 사이에 미묘한 기류가 흐르고 있다.

중국이 세계 최대 수출국이 된 것은 오래전 일이다. 2022년에는 수입 시장마저 미국을 제치고 세계 최대 수입 시장이 됐다. 세계 수입 시장 점유율이 홍콩을 포함해 13.5퍼센트에 달해 12.9퍼센트의 미국을 추월했다. 현재 140개국 이상의 최대 교역 대상국이 중국이다. 미국이 최대 교역 대상국인 나라는 30개국 정도이다. 국제 정치 관계보다 통상과 경제를 더 중요하게 여기는 나라가 많다 보니 미국의 줄 세우기가 잘 통하지 않는다.

『성경』대로 파봤더니 석유와 가스가 나왔다
(토비아 러스킨 이야기)

석유 수입국에서 산유국이 되다

이스라엘은 건국 이후 70년 동안 석유 수입에 고생이 많았다. 인근 국가들이 이스라엘에 석유를 안 팔아 멀리 아프리카 앙골라에서, 남아메리카 콜롬비아에서, 북유럽 노르웨이 등에서 석유를 구해 오느라 석유 가격과 전기료가 비쌀 수밖에 없었다. 이런 이스라엘에서 한 지구물리학자가 유전을 발견했다. 2004년 6월 13일자 BBC뉴스 인터넷판에 따르면 '기보트올람'이라는 이스라엘 회사가 『성경』에서 영감을 받아 이스라엘 한복판에서 유전을 발견했다고 밝혔다. '영원한 작은 산'이라는 뜻을 가진 기보트올람의 창업자인 극정통파 유대인 토비아 러스킨Tovia Luskin은 『성경』과 과학 지식을 토대로 유전 탐사에 성공했다.

그는 러시아에서 출생해 지구물리학을 공부하고 여러 메이저 석유회사에서 근무하다 1984년 이스라엘로 이주했다. 러스킨이 호

2009년 발견돼 2013년부터 본격 개발된 타마르 가스전의 설비 윗부분이 대형 이스라엘 국기로 장식돼 있다. 이스라엘 북부 타마르 해역에서 채굴된 가스는 이스라엘 발전에 필요한 에너지의 40퍼센트를 감당하고 있다. 앞서 유전회사 기보트올람의 창업자 토비아 러스킨은 1994년 유전 탐사 시추를 시작해 10년 만인 2004년 경제성 있는 쉐펠라 유전을 발견했다. 당시 BBC 뉴스는 "기보트올람이 『성서』에서 영감을 받아 이스라엘 한복판에서 유전을 발견했다."라고 밝혔다. (출처: 타마르페트롤리엄)

주에서의 안락한 생활을 청산하고 이스라엘로 이주하기로 결정한 것은 『히브리 성경』(『구약성경』) 「신명기」의 한 구절과 이 구절에 관한 중세 랍비 라시의 해설을 읽은 것이 계기가 됐다.

하느님의 사람 모세는 죽기 전에 이스라엘 12지파를 위해 복을 빌었다. 「신명기」 33장 13~15절에서 요셉을 두고 그는 이렇게 말하였다. "그의 땅은 야훼께 복 받은 땅, 위로 하늘에서 더없이 값진 복이 내리고 아래로 지하에 숨어 있는 물줄기로 젖어오는 땅, 쏟아지는 햇빛에 소담스레 오곡이 여물고 다달이 백과가 탐스럽게 열리는 땅, 태곳적 산맥에서 열리는 특산품과 영원한 언덕에서 맺는 최상품……." 「신명기」 33장 18~19절에서 즈불룬을 두고 그는 이렇게 말하였다. "즈불룬아, 즐겨 밖으로 진출하여라. 이싸갈아, 네 천막에서 살며 행복하여라. 민족들을 산으로 불러 모으고 바다에서 얻는 것과 모래 속에 숨겨 있는 것으로 먹고 살며……." 24절에서는 아셀을 두고 이렇게 말했다. "아셀은 아들들 가운데서도 가장 큰 복을 받아라. 형제들 가운데서도 가장 귀여움을 받아라. 기름으로 발을 닦고……."

요셉 부족에 주어진 지역엔 텔아비브 동북쪽이 포함돼 있었다. 이에 러스킨은 '태곳적 산맥에서 열리는 특산품'이 과연 무엇일까 궁금히 여겼다. 그는 중세 현자인 라시의 해설에서 이 구절이 현재의 모양으로 변모되기 이전의 고생대 고원지대를 이야기하는 게 아닐까 하는 생각이 들었다. 이는 놀라운 발견이었다. 그러자 러스킨은 이 『성서』 구절을 이해할 것 같았다. 바다의 풍부한 것은 천연가스이고, 모래에 감추어져 있는 보배는 셰일 석유이고, 특히 '기보트올람(영원한 동산)의 보물'이 원유일 가능성이 크다고 생각했다.

러스킨은 1990년 5월 뉴욕으로 가서 하시디즘 지도자인 메나헴 멘델 슈니르손 랍비에게 자문을 구했다. 그는 석유 탐사 계획을 축복하면서 곧 성공을 거둘 것이라고 말했다. 그 말을 듣고 러스킨은 즉시 시드니에서 이스라엘로 이주했다.

러스킨은 『성경』의 말씀을 믿고 유전회사 기보트올람을 설립하여 1994년부터 유전 탐사 시추를 시작했다. 러스킨은 유전 발굴에 두 번 성공했으나 경제성이 없었다. 하지만 이스라엘 땅에 석유가 있다는 사실은 확인할 수 있었다. 탐사를 시작한 지 10년 만인 2004년에 경제성 있는 쉐펠라 유전이 터졌다.

이스라엘에 석유 탐사 붐이 일다

그 뒤 이스라엘에 석유가 있다는 사실이 알려지자 석유 탐사 붐이 일었다. 특히 즈불룬 지파와 아셀 지파가 차지하고 있던 땅의 해안 지역을 중심으로 시추 작업이 진행됐다. 2009년 미국의 노블에너지Noble Energy가 이스라엘 북부 하이파에서 80킬로미터 떨어진 지중해 북부 타마르 해역에서 매장량 2,470억 세제곱미터로 추정되는 천연가스전을 발견했다. 이후 '타마르' 가스전에서 채굴된 가스는 길이 150킬로미터의 파이프라인을 통해 남부 아슈도드로 운반돼 이스라엘 전기 발전에 필요한 에너지의 40퍼센트를 감당하고 있다. 이 효과로 이스라엘 전기료가 하락했다.

또한 2010년에는 하이파에서 135킬로미터 떨어진 지중해 북부 해역에서 천연가스전 3조 4,600세제곱미터를 발견했다. 이는 미국 가스 매장량의 절반 수준이었다. 이스라엘은 이 해저 천연가스전에 '레비아탄Leviathan'이라는 이름을 붙였다. 레비아탄은 『히브리 성경』「욥기」 41장에 나오는 바다 괴물이다. 「욥기」는 이 괴물의 입에서 불이 뿜어져 나온다고 묘사했다. 실제 수심 1,500미터에 자리잡은 이 가스전에선 진짜 불기둥이 솟아오르고 있다. 이는 최근 10년 동안 심해에서 발견된 가스전 중에서 최대로 이스라엘이 100년간 쓸 수 있는 양이다. 이후 2011년에는 '아프로디테', 2012년에는 '삼손', 이후에도 '마리' 가스전이 연달아 발견됐다. 2013년 세계에너지협회 발표에 따르면, 이스라엘 북부 쉐펠라 지역에서 셰일 석유가 발견됐다. 매장량은 세계 최고인 사우디아라비아의 2,600억 배럴에 버금가는 2,500억 배럴로 세계 2위 수준이라고 한다.

가스전	① 아프로디테	② 레비아탄
매장량	1,980억 제곱미터	3조 4,600억 제곱미터
발견·개발	2011년-2015년	2010년-2015년-2016년

가스전	③ 타마르	④ 삼손
매장량	2,470억 제곱미터	650억 제곱미터
발견·개발	2009년-2013년	2012년-2015년

이스라엘에서 발견 또는 개발된 주요 가스전

타마르 가스전과는 달리 레비아탄 가스전은 10년 이상 다투어 온 레바논과의 영유권 협상 문제로 2022년 1월부터 가스 생산에 착수했다. 이후 2022년 10월에 협상이 타결되어 생산 확대를 위해 가스전에 새로운 부유식 LNG 터미널 공사를 할 계획이다. 현재 연간 약 12bcm(1bcm은 10억 세제곱미터)의 가스를 생산하는 레비아탄 가스전은 이 공사가 완성되면 생산량이 연간 21bcm으로 늘어난다.

석유를 이용해 평화협정을 맺다

이스라엘은 가스와 석유를 이용해 주변국들과의 관계 개선을 도모하고 있다. 2017년 초 요르단으로 천연가스를 처음 수출한 이후 2020년 이집트 등으로 확대했다. 이스라엘의 천연가스는 이집트의 천연가스 액화 시설을 통해 액화가스가 되어 유럽으로 수출된다. 유럽이 천연가스 수입처 다변화를 추진하면서 터키와 이스라엘 해저 파이프라인 건설도 논의되고 있다. 레비아탄 해저 가스전에서 터키까지 500~550킬로미터 길이의 파이프라인을 건설해 터키와 남유럽 국가들에 천연가스를 공급한다는 계획이다. 이스라엘과 터키는 10년 이상 소원했던 관계를 해저 파이프라인을 건설하는 에너지 협력을 통해 개선하려는 움직임을 보이고 있다. 이스라엘은 가스뿐만 아니라 2022년 2월에는 처음으로 초경질유 석유도 수출했다.

2020년 미국 주도로 이스라엘과 인근 아랍국들 간의 '아브라함 평화협정'이 체결됐다. 아랍에미리트와 이스라엘이 2020년 9월 이 협정에 서명했다. 아브라함 평화협정의 '아브라함'은 아랍인과 유대인의 공동 조상으로 서로를 인정한다는 의미다. 이 협정에 바레인이 함께 참여했고 뒤이어 수단과 모로코도 이스라엘과 관계 정상화에 합의했다. 이스라엘 천연가스의 인근 아랍국 수출과 아브라함 평화협정의 확대가 중동 지역에 평화를 가져오기를 기원한다.

[더 읽을거리]
『성경』을 토대로 고대 메소포타미아 문명의 유적을 발견하다

19세기 초만 해도 사람들은 땅속을 파헤쳐 옛 유물을 찾는다는 생각을 미처 못 했다. 19세기 중엽에 이르러서야 고고학자들이 『성경』과 옛 문헌에 비추어 심증이 가는 지역의 땅속을 파보기 시작했다. 메소포타미아 문명은 이렇게 『성경』에서 실마리를 찾으려는 고고학자들 덕분에 발견되었다.

1840년 티그리스강 유역 모술에 프랑스 영사관이 들어섰다. 영사로 의사인 폴 에밀 보타가 취임했다. 그가 『성경』을 토대로 1843년 고대 아시리아의 수도 니네베 근교의 여름 궁전을 발굴했다. 그 무렵까지만 해도 인류의 발상지는 이집트라고 알려져 있었다. 에덴동산은 물론 『성경』에 무려 152차례나 언급된 아시리아 제국은 전설에 지나지 않았다. '니네베(니느웨)'라는 말은 『성경』에 20군데, '아시리아(앗수르)'라는 말은 132군데나 나온다. 유대인에게 니네베는 이스라엘을 괴롭혔던 적대 세력 아시리아의 수도였다.

그런데 그 아시리아가 정말 있었다. 무엇보다 메소포타미아에 이집트보다 오래된 문명이 있었다. 유대교와 기독교 신자들은 흥분했다. 이것이 성서 고고학의 효시였다. 이후 『성경』을 토대로 여러 유적이 잇달아 발견돼 역사적 사실에 의거해 기록됐다는 게 증명됐다.

3장

[자녀교육관]

하느님의 자녀로서 각자 다른 달란트를 받았다

험담하는 것을 살인 이상의
죄로 여긴다

험담은 공통체 사슬을 끊어버리기 때문에 하면 안 된다

유대인 부모는 자녀가 유치원에 들어갈 때 해주는 말이 있다. "네가 이제 유치원에 가면 친구들을 만나게 될 텐데, 두 가지를 꼭 기억하렴. 하나는 네가 말하는 시간의 두 배만큼 친구가 하는 말을 잘 들어라. 사람은 누구나 안 좋은 점이 있단다. 그러니 친구의 안 좋은 점에 신경쓰지 말고 친구가 가진 좋은 점을 찾아보렴. 그러려면 친구보다 말을 많이 하지 말고 친구 말을 많이 들어야 해. 사람은 입은 하나고 귀는 둘이 있잖니. 그건 말하기보다 듣기를 두 배로 하라는 뜻이란다.

또 하나는 어떤 경우에도 친구 험담을 하지 말아라. 유대 경전 『미드라시』에는 이런 말이 있어. '남을 헐뜯는 험담은 살인보다도 위험하다. 살인은 한 사람만 죽이지만 험담은 반드시 세 사람을 죽인다.' 그 세 사람이란 험담을 퍼뜨리는 사람, 그걸 말리지 않고 들

기원전 6세기 유다 왕국은 신바빌로니아에 정복되어 성전과 성벽이 파괴되고 상류층은 바빌론에 포로로 잡혀갔다. '포로들의 대이동'을 묘사한 19세기 프랑스 화가 제임스 티소의 작품. (출처: 위키피디아)

고 있는 사람, 그 험담의 대상이 된 사람이야."

기원전 6세기 유다 왕국은 신바빌로니아에 의해 멸망해 하층민은 추방되고 상류층은 바빌론에 포로로 잡혀갔다. 이를 '바빌론 유수'라 부른다. 이후 성전이 없어진 유대교는 '성전 중심의 종교'에서 '배움의 종교'로 바뀌게 된다.

그로부터 50년 뒤 『성경』에 고레스라는 이름으로 등장하는 페르시아의 키루스왕이 기발한 발상으로 강 상류에 둑을 쌓아 물줄기를 바꾸는 전략으로 강 한가운데 건설된 난공불락의 바빌론을 정복했다. 그는 '키루스 실린더'라 부르는 점토에 세계 최초의 인권선언을 발표하여 포로로 잡혀 와 있던 유대인을 아무 조건 없이 해방하고 자기 나라로 돌아가게 했다.

페르시아의 키루스왕. 유대인은 바빌론을 정복한 키루스왕을 자신들을 구원한 메시아로 여겼다.
(출처: 위키피디아)

이때 유대인은 키루스왕을 자신들을 구원한 메시아로 보았다. 유대교는 키루스왕이 믿고 있는 조로아스터교의 영향을 받아 선악의 이분법적 개념이 강화되고 일신교에서 유일신교로 진화하게 된다. 이후 유대인은 세 차례에 걸쳐 가나안으로 돌아와 성전과 성벽을 재건했다. 하지만 더 많은 유대인이 바빌론에 남거나 다른 지역으로 흩어져 디아스포라, 곧 종교 공동체를 이루고 살아감으로써 이때부터 유대 민족의 방랑 시대가 시작됐다. 이를 '1차 이산離散'이라 부른다. 이때 가나안으로 귀국한 유대인 후손마저도 훗날 로마제국에 반란을 일으켰다가 패망해 서기 70년 나라가 없어진 이후 세계에 뿔뿔이 흩어져 살게 된다. 이것이 '2차 이산'이다.

이후 디아스포라 유대인은 남의 나라, 다른 환경에서 살아남기 위해서 똘똘 뭉쳐야 했다. 디아스포라 수칙의 요점은 '모든 유대인은 그의 형제들을 지키는 보호자이고 유대인은 모두 한 형제'라는 것이다. 그리고 이러한 '형제애'를 바탕으로 하는 디아스포라의 운영 방식은 '능력껏 벌어 필요에 따라 나누어 쓴다'는 사상이다. 여기서 '능력껏 번다'는 것은 돈 벌 때는 효율을 중시하는 오늘날 자본주의 방식을 택했고 '필요에 따라 나누어 쓴다'는 것은 분배를 중시하는 공산주의 방식을 따랐다. 이러한 방식의 장점은 공동체 내 각종 복지 제도가 완벽히 확립되어 운영된다는 점이다. 디아스포라는 이러한 유대인 고유의 공동체 정신으로 역사의 험난한 굴곡에서 살아남을 수 있었다. 또 이러한 공동체 정신이 흩어져 사는 세계 각지의 디아스포라를 하나로 묶어 유대 사회를 발전시켰다.

이러한 삶의 방식이 지금까지도 남아 있는 게 이스라엘의 집단 농장인 '키부츠'다. 키부츠는 구성원들의 노동 수익금은 물론 개인들이 바깥에 나가 번 돈도 공동체에 내놓도록 해 공동 운영비로 쓰는 대신 마을 회관의 세 끼 식사를 포함한 의식주에 필요한 모든 것을 무료로 배급한다. 한마디로 대가족 생활이다. 공동체는 육아와 교육도 책임진다. 생후 3개월부터 합숙 육아를 시작해서 18세까지 합숙 교육을 한다.

고대부터 이러한 삶의 방식을 추구한 유대인에게 자연히 공동체 구성원들의 단결은 그 무엇보다 중요했다. 이렇게 등장한 게 '유대인의 고리론'이다. 이는 유대 신앙이 강조하는 생활 철칙으로 자리잡아 유대인은 서로가 서로를 책임지고 살게 됐다. 이는 나 하나만 아니라 동족이 다 같이 잘살아야 함을 강조해 유대인은 전 세계에

뿔뿔이 흩어져 있어도 모두가 하나의 대가족으로 뭉쳐져 있음을 뜻했다.

하지만 "아무리 길고 훌륭한 쇠사슬이라도 한 개만 부러지면 무용지물이 된다"는 『탈무드』의 경고가 있다. 디아스포라 공동체 구성원 간의 고리, 곧 신뢰를 깨는 것은 무엇일까? 험담이다. 히브리어로 험담은 '라숀 하라lashon hara'라고 한다. '악한 혀'를 뜻한다. 험담은 인간관계를 파괴해 공동체 사슬을 끊어버리기 때문에 유대인은 이를 극도로 경계했다.

『구약』「레위기」 19장 16절은 "너는 네 백성들 가운데로 험담하며 돌아다니지 말라"고 가르친다. 또한 미드라시에는 '라숀 하라'를 살인 이상의 죄로 여겨 금한다. 이를 어기는 자는 입을 더럽혀 『토라』의 말씀과 기도의 말씀까지도 더럽힌다고 했다. 유대 현자들은 '라숀 하라'에 대한 형벌이 나병이라고 믿었다. 나병 환자는 공동체에서 같이 살 수 없듯이 험담하는 사람도 공동체에서 함께 살 수 없었다. 가톨릭의 프란치스코 교황도 "험담만 하지 않아도 성인이 될 수 있다."라고 했다.

의인의 기본 덕목은 혀를 지키는 것이다

사람들은 험담하는 것은 나쁘지만, 부정적일지라도 사실인 경우 그 사실을 이야기하는 것은 허용될 수 있다고 여긴다. 하지만 유대 율법은 이런 관점에 대해서도 반대한다. 사실이라 할지라도 다른 사람의 이미지를 깎아내리는 어떠한 말도 해서는 안 된다고 가르

유대인은 어릴 때부터 토론을 할 때 비판은 존중하되 인신공격적 비난과 비방은 금하라는 교육을 받는다.

치며 이 또한 '라손 하라'로 규정하고 있다. 유대 윤리는 심지어 은근히 남의 명예를 손상하는 행위도 '아박 라손 하라', 곧 '라손 하라의 먼지'라 칭해 부도덕한 행위로 간주한다. 교묘히 비꼬는 말투나 말 이외의 방법으로 다른 사람의 평판을 떨어뜨리는 행동 곧 특정인의 이름이 거론될 때 인상을 찌푸리거나 고개를 흔들거나 눈을 굴리거나 입을 삐죽거리며 부정적 속내를 내비치는 표정도 잘못된 행동에 속한다.

하물며 있지도 않은 일을 이야기하는 무고나 중상모략인 '모치 셈 라'는 율법 중에서도 가장 큰 죄악이다. 유대인은 혀를 화살에 비유한다. 한번 쏜 화살은 아무리 후회해도 돌이킬 수 없기 때문이다. 『탈무드』는 의인의 기본 덕목은 "혀를 지키는 것"이라고 강조한다. 오늘날 SNS상의 공격성 글이나 악의적인 댓글도 여기서 예외가 아니다. 악플은 심리적 살인 행위다. 실제로 악플 때문에 자살하는 사람들이 있다.

[더 읽을거리]
왜 유대인들은 토론에 강한가?

유대인의 토론 문화가 성숙한 것은 비판은 존중하되 인신공격적 비난과 비방은 엄격히 금하기 때문이다. 어릴 적부터 가정과 학교에서 이를 단단히 가르치며 이에 입각한 토론 훈련을 받는다. 사회 전체적으로도 이를 인성과 교양의 중요한 척도로 삼고 있다. 유대인의 토론 문화에는 '토론이 건설적인 비판이어야지 파괴적이어서는 안 된다'는 암묵적 합의가 있다.

유대인은 토론할 때 비판批判, 비난非難, 비방誹謗을 엄격히 구분한다. 우선 '비판'이란 한자에서 알 수 있듯 비批는 비평하다고 판判은 바로잡는다는 의미다. 곧 상대의 오류를 명확히 지적하며 그에 대한 건설적 대안을 제시하는 경우를 비판이라 한다. 유대인이 토론에 강한 것은 바로 이 비판 정신이 뛰어나기 때문이다.

한편 '비난'의 비非는 비방한다는 뜻이고 난難은 힐난한다는 의미다. 곧 상대방의 잘못이나 결점을 책잡아 힐난하는 것이다. 이는 상대방을 부정적으로 보이게 하려는 악의가 있다. 또 '비방'의 비誹와 방謗은 모두 헐뜯는다는 의미다. 무조건 상대방을 헐뜯고 보는 것이다. 한마디로 파괴적이다. 유대인은 이를 '라손 하라'로 규정하여 엄격하게 금한다. 반면 '비판'은 건설적 설득력과 대안 제시가 있어 양식 있는 사람은 이를 받아들일 수밖에 없다. 유대인이 토론에서 비판은 권장하되 비난과 비방은 금하는 이유다.

구전 율법과 성문 율법에 따라 살아간다

『토라』는 세상을 지탱하는 3가지 기둥 중 하나다

유대 민족의 역사를 기록한 책이 있다. 바로 '『구약성경』(『히브리 성경』)'이다. 『구약성경』은 율법서인 『토라』를 비롯해 예언서(네비임)와 성문서(케투빔)로 구성돼있다. 성문서는 역사서, 시서, 지혜서 등이 속한다. 이처럼 『구약성경』은 책 한 권이 아니라 여러 책을 모아놓은 것이다. 당신 백성에게 개입하신 하느님의 구원 업적이 율법서 형태로, 때로는 역사서 형태로, 때로는 교훈적 가르침 형태로, 때로는 예언자의 입에서 나온 말씀 형태로 기록됐다. 역사가들은 『구약성경』이 기원전 1200년경에 시작되어 800년 이상에 걸쳐 기록되었을 것으로 보고 있다.

『히브리 성경』 도입부 다섯 권인 「창세기」 「출애굽기」 「레위기」 「민수기」 「신명기」를 『토라』라 부른다. 우리는 모세가 저술했다는 전승에 따라 '모세 5경'이라 한다. 유대인은 『토라』만 경전으로 보

2014년 8월 랍비 아브라함 이삭 쿡(1865~1935)의 예루살렘 생가에서 열린 『토라』 헌정식에서 참석자들이 두루마리에 적힌 구절을 보며 감격스러워하고 있다. 이 행사에는 레우벤 리블린 당시 대통령도 참석했다. 『히브리 성경』 도입부 다섯 권인 「창세기」「출애굽기」「레위기」「민수기」「신명기」를 유대인은 『토라』라 부른다. 유대인에게 『토라』 공부는 가장 중요한 종교 행위다. (출처: 이스라엘 공보국GPO)

고 그 이외의 예언서와 성문서는 『토라』를 보조하는 보조 경전으로 보고 있다. 예언서는 『토라』의 원리를 가르치고 성문서는 말씀을 삶 속에 어떻게 적용해야 할지를 보여준다.

유대인에게 『토라』는 모세를 통해 주신 하느님의 말씀으로 『성경』 가운데서도 계시의 핵심이다. 계시revelation란 '숨겨져 있는 것을 나타내 보여준다'는 뜻이다. 유대인은 합리성을 중시함에도 계시가 합리성보다 우선한다고 믿고 있다. 따라서 『토라』 연구는 그들이 하느님의 계시에 참여하는 가장 본질적이고도 핵심적인 수단이다. 또한 유대인에게 『토라』는 지난 과거가 아니라 영원히 현존하는 신비스러운 차원의 이야기이며 평생 공부해야 할 거룩한 대

유대인은 『토라』를 읽을 때 거룩한 경전에 손을 대지 않기 위해 '야드'라는 도구를 사용한다.
(출처: 위키피디아)

상이다. 이렇게 유대인에게 가장 중요한 종교 행위로서 『토라』 연구에 대해 『탈무드』는 다음과 같이 이야기하고 있다. "세상을 지탱하는 세 가지 기둥이 있다. 첫째는 『토라』요, 둘째는 하느님께 드리는 예배요, 셋째는 자선 활동이다."

『토라』에는 창조 이야기를 시작으로 「출애굽」과 가나안 땅에 이르기까지 유대인 역사와 하느님께 받은 십계명을 비롯해 유대 민족이 살아가면서 지켜야 할 계율이 상세히 적혀 있다. 『토라』에 실린 계율은 613가지다. 이 가운데 "하지 말라"가 365가지로 1년의 날 수와 같고 "하라"가 248가지로 인간의 뼈와 모든 장기의 수다. 이는 다시 말해 우리가 1년 내내 하지 말아야 할 것들이 있는가 하면, 우리의 지체를 가지고 열심히 해야 할 것들이 있음을 뜻하는 것이라고 한다. 『토라』는 특별하게 규제하는 것이 없으면 무슨 일이라도 할 수 있도록 허락되어 있다. 율법은 '이런저런 일은 하라'고 적혀 있기도 하지만 그보다는 '이런저런 일은 하지 말라'고 밝

『토라』는 해외 거주 유대인에게도 신앙의 구심점 역할을 해왔다. 미국 뉴욕에 있는 한 유대교 회당에서 열린 연례 『토라』 완독 기념행사에 참가한 어린이들이 경전 구절이 적힌 두루마리를 펼쳐 들고 서 있다. (출처: Temple B'nai Torah of Wantagh)

히고 있다. 규제를 최소화하는 이른바 '네거티브 시스템'이다.

유대교에선 『토라』를 가장 중요시한다. 그래서 유대 회당의 중요한 특징은 예루살렘을 향해 법궤가 놓여 있고 그 궤 안에는 양피지에 히브리어로 쓰인 『토라』 두루마리가 있다. 안식일 아침 예배는 회중이 일어나 고향 예루살렘을 향해 기도를 드리는 것으로 시작된다. 그 뒤 두루마리는 회당 좌석 사이를 돌아간다. 그리고 『토라』가 낭독된다. 낭독이 끝나면 두루마리는 다시 회중석을 돈다. 이때 자신의 『성경』이나 숄의 끝으로 두루마리에 댄 후에 그 숄 끝에 키스한다. 이는 하느님의 말씀에 대한 경외와 헌신을 나타내는 것이다.

『토라』에 대한 유대인의 신앙은 놀랍다. 유대인이 가지고 있는 『토라』는 대부분 손으로 쓴 『토라』다. 특히 회당에서 읽히는 『토라』는 반드시 손으로 쓴 것이어야 한다. 그런데 이 『토라』를 옮겨 쓰는 과정이 복잡하다. 『토라』의 내용 중에 '하느님'이라는 단어가 나오면 반드시 쓰기를 멈추고 목욕한다. 몸과 마음이 깨끗하지 않은 상태에서 '하느님'이라는 단어를 쓸 수 없다고 생각하기 때문이다.

『탈무드』는 삶의 바른 길을 찾는 학문이다

유대인에게는 두 가지 율법이 있었다. 하나는 글로 쓴 '성문 율법'이고 또 다른 하나는 말로 전해져 내려온 '구전 율법'이다. 둘 다 모세가 시나이산에서 하느님께 받은 가르침이다. 예를 들어 성전을 지으라는 말씀은 성문 율법인 『토라』에 기록되어 있고 성전을 짓는 구체적 방법은 구전 율법에서 설명하고 있다.

구전으로 전승되어 내려오며 해석을 곁들인 구전 율법은 아무리 기억력이 좋은 사람일지라도 선대의 구전 설명을 그대로 후대에 전하기가 힘들었다. 게다가 교사 역할을 담당했던 랍비들도 시대에 따라 저마다 조금씩 해석 방법이 달랐다. 그 때문에 심지어 해석 방법이 크게 32가지로 분류되기도 했다. 아무리 구전 율법이 좋다고는 하나 기억력의 한계에 부닥쳤다.

기원전 6세기에 에스라에 의해 구전 율법이 기록되기 시작했다. 이후 기록 작업은 후대에 계속 이어졌다. 서기 210년경 유다 하 나지 랍비는 그간 선배 랍비들이 모아온 구전 율법 편찬에 착수해 6부(농업, 축제, 결혼, 민법과 형법, 제물, 제식) 63편 520장으로 완성했다. 이로써 『탈무드』의 전신 『미슈나』가 탄생했다. 『미슈나』는 오늘날 이스라엘 국법의 뿌리일 정도로 유대인들에게는 큰 의미가 있다. 유대교는 이를 통해 신앙만이 아니라 생활의 도리도 함께 가르친다. 이때를 계기로 랍비를 중심으로 한 '랍비 유대교'의 기본 틀이 세워진다. 랍비란 '나의 선생님'이란 뜻이다.

그런데 『미슈나』는 원론적 내용만 담고 있어 일상생활에 적용하는 데 어려움이 있었다. 그래서 랍비들은 『미슈나』를 바탕으로 오랜 기간 토론하고 해석하는 작업을 했다. 당시 랍비들은 의사, 상인, 무역상 등 보통 유대인들과 똑같은 직업을 갖고 생활고의 중압감을 안고 살아가면서 율법을 생활에 어떻게 접목해 해석해야 할지를 연구했다. 300여 년 동안의 해석을 모은 것이 『게마라』다. 이렇게 『미슈나』와 그 해석서 『게마라』를 한데 합친 것이 『탈무드』다. 흔히 유대 민족을 '책의 백성'이라고 부르는 이유는 이 시기에서 찾을 수 있다. 7권짜리 대백과사전 같은 『탈무드』를 하루 한 페이지씩 공부하면 7년이 지나야 전질을 겨우 읽을 수 있다. 분량도 많지만 내용도 만만치 않다. 그러나 율법을 연구하는 일은 하느님을 조금이라도 더 아는 것으로 직결되기 때문에 유대인은 대를 이어 가며 부지런히 경전을 읽는 것이다.

이렇게 『탈무드』는 원로 랍비들이 후손을 깨우치기 위해 기원전 500년부터 1,000년 동안 현인들의 말과 글을 모아놓은 지혜서다. 『탈무드』는 히브리어로 '위대한 연구'라는 의미다. 구전 율법, 곧 『미쉬나』에서 발전한 『탈무드』는 세계 곳곳에 흩어져 있는 디아스포라 유대인의 종교적 지침과 민족적 동질성을 지켜주기 위해 집필됐다.

유대인의 삶에는 미리 정해진 답이 없다. 상황에 따라 스스로 답을 찾아나가야 하는 고단한 삶을 살아왔다. 그래서 『탈무드』에 기록된 수많은 토론은 바른길을 찾기 위한 훈련의 흔적이다.『탈무드』는 책이라기보다는 삶의 바른길을 찾는 '학문'이라 해야 옳다.

[더 읽을거리]
세 종교는 모두 『구약』을 경전으로 삼는다

『히브리 성경』『타나크』는 총 24권으로 율법서(『토라』), 예언서(네비임), 성문서(케투빔)'로 구성되어 있다. 『타나크』는 이 세 분류명의 첫 글자를 떼 합성한 이름이다. 유대교는 히브리 원문이 남아 있지 않으면 경전으로 인정하지 않았다. 이 때문에 가톨릭『구약성경』보다 권수가 적다.

오늘날『구약』을 경전으로 삼고 있는 종교는 유대교, 기독교, 이슬람교다. 유대교는『구약』만을 성서로 인정한다. 기독교는 구약과 예수 이후의 복음서인『신약』을 함께 성서로 믿는다. 이슬람교는 여기에 마지막 예언자 무함마드가 쓴『코란』이 보태진다.『코란』의 내용을 살펴보면 율법은 모세가 받았고 복음은 예수가 선포했으나 진정한 예언자는 무함마드이고 그의 계시를 최종적인 것으로 여긴다. 이렇듯『구약』은 세 종교의 뿌리다.

기독교는 그들의 새로운 복음을『신약』이라 부르고 유대교의 타나크를『구약』이라고 부른다. 유대교는『구약』이란 말을 싫어한다. 신성모독적인 개념으로 여긴다. 그래서『구약』대신『히브리 성경』이란 말을 선호한다.

외톨이는 어떻게
세계적인 영화감독이 되었는가
(스티븐 스필버그 이야기)

열두 살 때까지 자녀 교육에 혼신을 다한다

유대인은 스스로 남과 다른 유니크unique한 존재가 되기를 원한다. 하느님께서 각 사람에게 다른 달란트(재능)를 주셨다고 믿기 때문이다. 따라서 자녀 교육도 자녀가 '베스트best'가 아니라 '유니크'한 존재가 될 수 있도록 도와주는 데 초점이 맞춰져 있다. 베스트는 반에서 단 한 명뿐이지만 유니크는 모든 학생이 될 수 있다. 이러한 교육철학으로 실제 유대인들은 각자 자기 분야에서 우뚝 서는 존재로 성장한다. 유대인이 어떻게 유니크한 존재로 성장하는지 그들의 사상과 교육 방법을 알아보자.

유대인 자녀 교육의 대원칙은 엄마와 아빠의 '공동 육아와 공동 교육'이다. 이를 위해 결혼하면 1년간 집안 살림과 경제를 여자가 책임지고 남자는 히브리 학교에 들어가 유대교와 유대 전통을 배운다. 아빠가 아이에게 가르쳐야 할 것을 배우는 일종의 '아빠 학

스티븐 스필버그가 2018년 6월 12일 LA의 월트디즈니 콘서트홀에서 열린 「쥬라기 월드: 폴른 킹덤」 시사회 참석했던 때. 그의 아버지는 컴퓨터 엔지니어였고 어머니는 피아니스트 출신 식당 경영자였다. 어린 시절 외톨이로 지냈던 스필버그가 영화의 거장으로 성장할 수 있었던 데는 상상력과 호기심을 잃지 않도록 이끌어준 부모의 역할이 컸다. 뛰어난 업적을 일군 유대인 뒤에는 대개 아이의 가능성을 믿고 성원해 온 부모가 있다.

교'다.

또 하나의 원칙은 자녀가 성인식을 행하기 이전인 열두 살 때까지만 자녀 교육에 혼신의 힘을 다한다는 점이다. 엄마는 자녀가 태어나면 매사에 기도로 아이를 돌본다. 아이가 말귀를 알아들으면 그때부터 율법을 가르친다. 알아듣건 못 알아듣건 이러한 엄마의 반복된 암송 교육이 훗날 아이의 창의성 발현에 큰 도움이 된다. 엄마가 유대인이면 그 자녀를 유대인으로 인정한다. 엄마가 아이의 영혼에 미치는 영향이 크기 때문이다.

유대인 부모는 아이의 재능에 맞는 교육을 한다

아빠 또한 자녀가 성인식을 치르지 않은 미성년인 한 어김없이 일찍 귀가해 밥상머리에서 자녀에게 많은 이야기를 들려주며 대화를 나눈다. 이른바 밥상머리 교육이다. 또 취침 전 베갯머리에서 반드시 15분 이상 책을 읽어준다. 이를 통해 자녀의 호기심을 자극한다. 자녀가 호기심을 보이는 곳에 그의 달란트가 있을 확률이 높기 때문이다. 부모와 밥상머리 대화와 베갯머리 이야기를 함께한 아이는 네 살이 되면 일반 아이들이 800~900단어를 알 때 1,500단어 이상을 인지한다. 이후 부모와 더불어 하는 독서 습관을 통해 차이는 더 벌어져 몰입도와 이해력에서 성큼 앞선다. 나아가 사유의 폭과 깊이가 달라진다.

여기서 중요한 점은 유대인은 자녀를 부모가 바라는 형태로 이끌지 않고 먼저 재능이 무엇인지 알아내려고 한다는 점이다. 『탈무드』에는 "자녀를 가르치기 전에 자기 눈에 감긴 수건부터 풀라."라는 말이 있다. 자녀의 재능과 개성을 무시한 채 부모의 욕심을 앞세우지 말라는 뜻이다. 유대인 부모는 하느님께서 개개인에게 남과 다른 독특한 재능을 주셨다고 믿는다. 따라서 자녀가 그 독특한 재능을 찾아내고 살려 창의적인 사람이 되기를 바란다. 그래서 어려서부터 자녀의 지적 호기심을 부단히 자극해 좋아하고 잘할 수 있고 보람을 느끼는 것을 찾을 수 있도록 도와준다. 자녀가 자신의 재능을 찾아내 열정을 갖고 매진하다 보면 어느새 자기 분야에서 우뚝 서게 된다.

자기 분야에서 우뚝 선 유대인의 성공 뒤에는 재능을 알아보고

영국 런던에 있는 브롬리 리폼 시나고그에서 어린이들이 유대교 계율에 대해 배우고 있다. 시나고그는 다른 종교와 달리 사제가 아니라 학자 신분인 랍비가 이끄는 교육 공간의 성격이 강하다. 유대인은 평생 배움으로써 하느님께 더 가까이 갈 수 있다고 믿는다.
(출처: 브롬리 리폼 시나고그 홈페이지)

믿어준 부모가 있다. 지진아로 분류됐던 아인슈타인이 세계적인 과학자가 될 수 있었던 힘도 바로 유니크를 살리고 이끈 어머니의 믿음 덕분이었다. 외톨이었던 스필버그가 뛰어난 영화감독이 될 수 있었던 힘도 상상력과 호기심의 세계로 이끈 부모 덕분이었다. 많은 선생님 중에 가장 영향력 있고 위대한 선생님은 바로 부모다. 부모보다 훌륭한 선생님은 없다. 유대인은 부모가 최고의 선생님이라는 것을 5,000년 역사를 통해 증명한 민족이다.

유대인을 지칭하는 '헤브라이'는 '강 건너온 사람'이라는 뜻이다. 여기서 유래하여 '혼자서 다른 편에 서다'는 의미도 있다. 유대인에게 거룩함이란 '무리와 떨어져 있다.' '남들과 다르다'는 뜻이다. 『탈무드』에 '모두가 한 방향으로만 향하면 세계는 기울어지고 말 것이다.'라는 말이 있다. 세상에서 각자 자기가 해야 할 역할이 따로 있다는 뜻이다. 유대인은 자녀들을 다른 사람들보다 똑똑하고 더 성공하게 하려고 가르치지 않는다. 하느님의 선민답게 살라고 가르친다.

　우리 교육은 베스트를 지향한다. 줄 세우기다. 하지만 열등생도 그 가능성은 인정했다. 옛날 초등학교 성적표에 '수, 우, 미, 양, 가'란 평가가 있었다. 비록 상대평가 등급이었지만 말뜻은 아름다웠다. 수秀는 '우수하다'는 뜻이다. 우優는 '넉넉하다'는 의미가 포함되어 있다. 미美는 '좋다'는 뜻으로 역시 잘했다는 의미다. 양良 역시 '좋다' '뛰어나다'는 뜻처럼 괜찮다는 의미다. 마지막으로 가可는 '가능하다'고 할 때의 '가' 자로 충분한 가능성을 가지고 있다는 뜻을 내포하고 있다. 모든 아이는 충분한 가능성을 갖고 있는 것이다. 이제는 줄 세우기가 아니라 서로 다름을 인정하고 각자의 재능을 키워줄 맞춤 교육이 필요하다.

성전 중심의 종교에서 배움 중심의 종교로 탈바꿈했다

각 분야에서 두드러진 유대인의 성공은 어디에서 나올까? 유대인 창의성의 원천은 배움이다. 유대인에게 책을 읽고 배우는 것은 신을 찬미하는 기도와 동일한 가치를 지닌 신앙생활이다. 여기에는 역사적 연유가 있다. 유대인에게 가장 충격적인 사건은 바로 기원전 6세기 바빌로니아가 침공하여 예루살렘 성전이 파괴된 사건이었다. 이 사건으로 유대인은 영적 딜레마에 빠졌다. '예루살렘 성전은 하느님의 집인데 어떻게 이방인에게 파괴될 수 있을까? 그렇다

시나고그. 사제 없는 시나고그에서 학자인 랍비를 중심으로 평신도끼리 새로운 예배 의식을 드린다.

면 우리가 믿는 하느님은 전지전능하신 분이 아니란 말인가?'라는 의문이 들었다. 예루살렘 성전의 파괴는 종교를 잃어버린 것과 마찬가지였다.

이때 선지자 예레미야와 에스겔은 "성전에 재물을 바치는 것보다 믿음을 갖고 율법을 지키는 일이 여호와를 더 즐겁게 하는 길"이라고 역설했다. "하느님께서는 성전에 바치는 1,000가지 재물보다 한 시간의 배움을 더 기뻐하신다." "하나라도 더 배워 신의 섭리를 하나라도 더 이해해야 신께 한 발짝 가깝게 다가갈 수 있다."라고 가르쳤다.

이렇게 해서 '성전' 중심의 종교가 '배움' 중심의 종교로 탈바꿈한다. 혁명적인 시나고그(회당)가 탄생한 것이다. 사제 없는 시나고그에서 학자인 랍비를 중심으로 평신도끼리 새로운 예배 의식을 드리기 시작했다. 그래서 시나고그의 주된 용도도 예배보다는 『토라』와 『탈무드』를 공부하는 학교로서의 기능이 우선됐다. 유대인은 하느님의 섭리를 하나라도 더 이해해 하느님께 가까이 가고자 평생 공부하는 것이다.

유대인은 인간은 하느님의 형상대로 지음받았기에 하느님께서 인간에게 거는 기대가 있다고 믿는다. 그래서 유대교에서 죄란 하느님의 자녀로서 주어진 가능성에 최선을 다하지 않는 '게으름'과 '무능력'을 말한다. 미래에 대한 자신의 가능성을 믿지 않고 하느님께서 주신 자기 안의 달란트를 찾아 키우지 않고 무능력한 사람이 되는 것이 하느님께 죄를 짓는 것이다. 따라서 유대인에게 신앙이란 자신에게 내재된 하느님의 형상과 달란트를 찾아 스스로를 발전시켜 나가는 노력이다.

[더 읽을거리]
인간에게는 하느님의 외모가 아닌 영혼이 깃들어 있다

『성경』을 보면 하느님께서는 모든 것을 만드시고 마지막에 '당신의 형상대로' 인간을 창조하셨다. 유대인은 '하느님의 형상대로'란 인간의 외모가 아니라 영혼이라고 믿는다. 따라서 유대교는 인간 내면에 신께서 주신 무한한 잠재력과 가능성이 있다고 가르친다.

『성경』에 하느님께서 인간을 빚으신 뒤 코에 생기를 불어넣으시는 장면이 나온다. 유대인은 이 생기가 바로 하느님의 영혼이라고 믿는다. 곧 한 명 한 명을 만드실 때마다 하느님께서 자신의 영혼을 불어넣으시고 그 영혼이 인간의 몸 안에서 살다가 죽으면 다시 하느님께로 되돌아간다는 것이다. 이 같은 유대인의 사고에 따르면 결국 실존하는 것은 인간이 아니라 인간 안에 깃든 하느님의 영혼이다.

유대인은 하느님께서 그 영혼이 세상에서 합당하고 거룩하게 살아갈 수 있도록 그 영혼에 걸맞은 달란트도 같이 주셨다고 믿는다. 그래서 유대인 부모는 자녀가 자신의 달란트를 13세 성인식 이전에 찾을 수 있도록 혼신의 힘을 다해 도와준다.

지진아는 어떻게 세계적인
과학자가 되었는가
(아인슈타인 이야기)

베스트가 아닌 유니크를 추구하다

알베르트 아인슈타인Albert Einstein은 1879년 독일 유대인 가정에서 태어났다. 말 배우는 것이 늦어 세 살까지 한마디도 하지 못 했다. 학교에 입학해서도 독일어가 어눌하고 약간의 자폐 증상이 있어 왕따가 됐다. 다섯 살 무렵 입원한 일이 있었는데 아버지는 무료해하는 아들에게 나침반을 사주었다. 아인슈타인은 나침반 바늘이 항상 북쪽을 가리키는 움직임을 관찰하며 바늘을 끌어당기는 우주의 힘이 숨어 있음을 어렴풋이 느꼈다. 그는 우주의 힘이 어떻게 자기한테까지 오는지 궁금했다.

아인슈타인은 학업 성적이 너무 좋지 않아 지진아로 분류됐다. 담임은 성적기록부에 '이 아이는 나중에 무엇을 해도 성공할 가능성이 없음'이라고 기록했다. 이를 본 어머니는 어린 아인슈타인에게 믿음을 심어주었다. "너는 세상의 다른 아이들에게는 없는 훌륭

1920년 베를린 대학교 교수로 재직할 때.(왼쪽) 1927년 바이올린 연주를 하는 아인슈타인.(오른쪽) 그는 여섯 살 때부터 1년쯤 바이올린을 배우다 그만뒀지만 몇 년 뒤 모차르트 음악을 연주하고 싶은 마음에 다시 바이올린을 배웠다. 스스로 원했기에 최선을 다했다. 이런 집중력은 훗날 그가 위대한 과학자로 명성을 얻는 중요한 동력이 되었다.
(출처: 위키피디아)

한 장점이 있단다. 그래서 이 세상에는 너만이 감당할 수 있는 일이 너를 기다리고 있어. 그 길을 찾아가야 해. 너는 틀림없이 훌륭한 사람이 될 거야."라고 아들을 격려했다.

혼자서 깨닫는 것이야말로 중요하다

아인슈타인의 어머니인 파울리네 코흐는 아들이 남보다 잘하길 바라지 않았다. 무언가 남과 다른 특출한 재능이 있을 거라 믿었다. 그녀는 아들에게서 '베스트best'가 아니라 남과 다른 '유니크unique'한 재능을 찾으려 노력했다. 피아니스트였던 코흐는 아인슈타인에

아인슈타인의 어린 시절(왼쪽). 말 배우는 것이 또래보다 한참 늦었고 학교에서는 왕따에 시달렸다. 병원에 입원했던 다섯 살 때 아버지가 선물한 나침반을 보며 우주의 힘의 기원을 궁금해했다. 이 같은 호기심은 그를 성장시킨 중요한 힘이었다. 아인슈타인의 장점을 찾아준 어머니 파울리네 코흐. 피아니스트였던 그녀는 아들에게 남들과 다른 특별한 재능이 있을 거라는 믿음을 놓지 않고 끊임없이 격려했다. (출처: 위키피디아)

게 여섯 살부터 피아노와 바이올린을 가르쳤다. 처음에는 배우기 싫어해 1년쯤 배우다 그만두었다. 이때도 그녀는 강요하지 않았다. 몇 년 뒤 아인슈타인은 모차르트 음악을 연주하고 싶어 다시 바이올린을 배우기 시작했다. 자신이 원해서 다시 시작했기에 최선을 다했다. 그 결과 아인슈타인은 놀라운 집중력을 보였다. 어느 날 그는 모차르트 음악이 수학적 구조로 돼 있음을 깨달았다. 미처 깨닫지 못한 것에 진리가 숨어 있었다. 아인슈타인은 혼자서 깨닫는 것이야말로 중요하다는 생각을 하게 된다.

학교 주입식 대신 책과 토론을 통해 배우다

독서를 즐기는 아버지 덕에 아인슈타인도 책 읽기를 좋아했다. 유대인은 안식일에 가난한 신학생을 대접하며 자녀를 돌보게 하고 그 대가로 학비를 지원하는 아름다운 전통이 있었다. 아인슈타인이 열 살 때 부모는 막스 탈무드라는 의대생을 목요일마다 초대했다. 막스는 아인슈타인이 '자연의 움직임'에 호기심이 많다는 것을 알아차리고 각종 과학책을 가져다주었다. 이것이 아인슈타인이 21권짜리 자연과학 시리즈에 빠져드는 계기가 됐다.

막스는 아인슈타인이 12세가 되자 유클리드 기하학으로 이끌어 함께 읽고 질문을 던져 스스로 원리를 깨우치도록 했다. 이때 아인슈타인은 기하학의 규칙성과 논리에 빠져들었다. 유대인 교육에 있어 이처럼 '호기심을 자극하고 답을 스스로 찾는 해결법'은 가장 중요한 학습 방법이다. 이후 막스는 아인슈타인의 관심을 철학으로 넓혀 뉴턴, 스피노자, 데카르트의 책들을 섭렵하게 했다. 13세 때 칸트의 『순수 이성 비판』을 한 구절 한 구절 같이 읽으며 몇 시간씩 토론했다. 이때 아인슈타인은 토론의 즐거움에 빠져들면서 토론의 중요성을 절감하게 된다.

아버지의 사업이 기울어 가족은 1895년 뮌헨에서 밀라노로 이사했다. 막스도 의대를 마치고 미국으로 유학을 떠났다. 아인슈타인은 학업을 위해 혼자 뮌헨에 남았으나 주입식 교육이 싫었다. 결국 역사, 지리, 어학에서 낮은 점수를 받아 학교를 중퇴했다. 그리고 가족이 있는 밀라노로 갔다. 16세 때 독학으로 미적분을 뗐고 17세 때 "나는 평생 술 대신 인문학에 취하겠다."라고 말할 정도로 고전 읽기에 빠져들었다. 밀라노에서 대학을 가려고 했으나 고등학교 졸업증명서가 없어 불가능했다.

그러다 취리히연방공대는 입학시험에 졸업증명서가 필요 없음을 알게 되어 응시했으나 떨어졌다. 이때 그의 탁월한 수학 성적에 주목한 학장의 배려로 아인슈타인은 페스탈로치가 설립한 고등학교에서 1년간 더 공부하는 조건으로 이듬해 입학했다. 대학 시절 아인슈타인은 수업에는 거의 출석하지 않았다. 그보다는 여러 주제로 친구들과 토론하며 즐겁게 보냈다.

상상력을 통해 우주의 비밀을 풀다

유대인 두뇌 계발의 비밀은 호기심과 상상력이다. 아인슈타인도 호기심과 상상력으로 상대성원리를 발견했다. 10대 시절부터 '우주는 어떻게 작동할까?'와 같은 추상적 의문에 매달렸다. 열여섯 살 어느 여름날, 공상에 잠겨 길을 걸으며 '인간이 빛의 속도로 날아가면 무슨 일이 생길까?'를 상상한 것이 상대성원리 발견의 계기가 됐다. 아인슈타인은 대학 성적이 좋지 않아 취직이 힘들었다. 보험회사에 취직했다가 잘린 뒤 물리학 가정교사를 하기 위해 신문 광고를 냈다. 이때 배우러 온 유대인 솔로비니를 가르치기보다 함께 토론하는 것이 더 즐거웠다.

이 토론 모임에 수학자 하비 히트가 합류했다. 그 뒤 친구 아버지의 도움으로 1902년 스위스 특허청에 취직했다. 직장 상사에게 아리스토텔레스의 논리학에 근거한 사고 훈련을 받고 여기에 자극

받아 토론 모임을 '올림피아 아카데미'로 이름 짓고 퇴근 후 토론에 열중했다. 칼 피어슨의 『과학 문법』, 앙리 푸앵카레의 『과학과 가설』, 존 스튜어트 밀의 『논리학 체계』 등을 읽으며 토론했다. 책의 중요한 부분은 며칠씩 토론했다. 이때 의견들이 부딪치면서 불꽃 튀는 창의성이 발현되곤 했다. 이것이 그의 연구에 많은 도움이 됐다.

토론으로 단련된 그의 논리적이고 창의적인 연구에 상상력이 더해졌다. 오로지 머릿속 실험으로 우주의 진리에 다가갔다. 1905년 26세의 아인슈타인은 그의 상상력이 발견한 보물들을 한꺼번에 쏟아냈다. 독일 『물리학연보』에 논문 다섯 편을 연달아 발표한 것이다. 3월에 「광전 효과」, 5월에 「브라운 운동」, 6월에 「특수 상대성 이론」, 7월에 「분자 차원의 새로운 결정」, 8월에 「질량과 에너지의 등가설($E=mc^2$)」을 게재했다. 그 하나하나가 너무나 중요한 주제였다. 1905년은 '기적의 해'였다. 그는 '광전 효과'로 1921년 노벨물리학상을 수상했다.

아인슈타인은 '특수 상대성 이론'을 중력 이론이 포함된 이론으로 확대해 1915년 '일반 상대성 이론'을 발표했다. 그는 이 이론에서 "강한 중력장 속에서 빛은 구부러진다."라고 주장했다. 이 주장이 옳은지는 개기일식 때 태양 바로 옆 별의 위치를 측정하면 확인할 수 있었다. 만약 사실이라면 별은 평소 위치에서 어긋나 보일 것이다. 1919년 5월 개기일식 때 영국 관측대가 이것을 확인해 세계는 발칵 뒤집혔다. 사람들은 상대성 이론을 잘 이해하지 못했지만 그 가설들은 가히 혁명적이어서 아인슈타인에게 '위대한 천재'

아인슈타인의 서명이 들어 있는 사진. 혀를 내민 유명한 이
사진은 옥션에서 12만 5,000달러에 팔렸다.
(출처: Arthur Sasse/Nate D. Sanders Auctions)

라는 환호가 쏟아졌다. 오늘날 우리가 위성 텔레비전을 보고 자동차 내비게이션을 사용하면서 한번쯤은 아인슈타인에게 고마운 마음을 가져야 한다. 그는 이러한 것들이 가능하게끔 인류에게 우주의 길을 열어준 과학자다.

[더 읽을거리]
꿈은 당신을 아름답게 꾸며주는 최고의 옷이다

아인슈타인은 "교육의 목적은 기계적인 사람을 만드는 데 있지 않다. 인간적인 사람을 만드는 데 있다. 교육의 비결은 상호존중의 묘미를 알게 하는 데 있다. 일정한 틀에 짜인 교육은 유익하지 못하다. 창조적인 표현과 지식에 대한 기쁨을 깨우쳐주는 것이 교육자의 최고 목표다." "상상력은 지식보다 중요하다. 지식에는 한계가 있지만 상상력은 세상을 감싼다." "나는 말로 생각을 한 적이 거의 없다. 생각이 먼저 떠오르고 그런 다음 말로 표현하려고 애써야 한다."라고 말했다.

창조란 상상력을 통해 기존에 없던 것을 새롭게 만들어내는 것이다. 창조는 상상력과 꿈으로부터 나온다. 상상력想像力이란 글자 그대로 '생각想한 것을 그려내는像 능력力'이다. 상상력이 21세기의 화두이자 가장 중요한 경제 동력이 되고 있다. 『탈무드』도 "꿈은 당신을 가장 아름답게 꾸며주는 최고의 옷"이라고 가르친다.

빈털터리는 어떻게 선박왕이 되었는가
(마커스 새뮤얼 이야기)

5파운드를 가지고 장사를 시작하다

한 유대인 소년이 나전칠기 등으로 돈을 번 뒤 석유회사를 세워 세계 경제사에 큰 획을 그었다. 1853년 마커스 새뮤얼Marcus Samuel은 런던의 한 가난한 유대인 집안에서 태어났다. 그의 히브리어 이름은 '모르드카'였다. 골동품 가게를 운영하던 새뮤얼의 부모는 열한 명의 자식들을 위해 정말 열심히 일했다. 아이들은 부모가 고생하면서도 항상 웃는 얼굴로 자기들을 대하는 모습을 보며 자라 매사에 밝고 긍정적이었다. 특히 열째 아들 새뮤얼은 꾀가 많고 활력이 넘쳤지만 학교 성적은 그리 좋지 않았다. 아버지는 그에게 무역업을 권했다.

아버지는 새뮤얼이 고등학교를 졸업하자 선물을 하나 주었다. 유대인은 인생의 한 시기를 매듭지을 때 선물을 하는 관습이 있다. 그 선물은 아시아행 편도 배편 한 장이었다. 돌아오는 표는 없

마커스 새뮤얼. 1897년 셸Shell 운송·무역회사를 세웠고 1907년 네덜란드 왕립석유회사와 합병을 통해 로열더치셸이 됐고 오늘날 세계 2위 석유회사로 성장했다.

었다. 그러면서 아버지는 이제 자신이 늙었으니 집안 살림에 도움이 될 만한 장삿거리를 여행 중에 궁리해보라고 부탁했다. 1871년 18세의 새뮤얼은 인도, 스리랑카, 태국, 싱가포르, 대만, 필리핀, 중국을 두루 거쳐 여행한 후 마지막 기항지 요코하마 항구에 내렸다. 그의 재산이라곤 5파운드가 전부였다. 일본에 아는 사람도 없고 기거할 집도 없었다.

새뮤얼은 '쇼난'이라고 부르는 해안의 빈 판잣집에 들어가 며칠 지냈다. 거기에서 그는 일본인들이 갯벌에서 조개를 캐는 모습을 보았다. 조개껍데기를 보니 굉장히 아름다웠다. 그는 직감적으로 이런 조개껍데기로 단추나 장식품을 만들면 아름다운 상품이 될 거라는 생각이 들었다. 그래서 자신도 조개껍데기를 열심히 주워 가공해 단추 등을 만들어 영국으로 보냈다. 그의 아버지는 이걸 자신의 골동품 가게에서 팔았다. 영국인들은 처음 보는 조개 장식품을 진기하게 여겼다. 조개 장식품은 날개 돋친 듯 팔렸고 가게가 번창해 빈민가에 있던 점포를 번화가로 옮겼다. 장사가 잘되자 새뮤얼은 화장대 등 나전칠기 제품을 대량으로 보냈고 아버지는 이를 도매로 팔았다. 새뮤얼은 23세인 1876년에 요코하마에 '새뮤얼 상회'를 설립했다.

  나전칠기 장사로 성공한 새뮤얼은 다음 단계로 도약할 꿈을 꿨다. 동생 샘을 끌어들여 무역회사를 차리고 영국과 일본을 오갔다. 영국산 기계, 직물, 공구를 일본과 동아시아에 팔고 일본의 쌀, 비단, 도자기, 구리, 석탄 등을 유럽과 중동에 팔았다.

석유 산업을 석권해 선박왕으로 불리다

그 무렵 기업인들 사이에서 화제는 단연 석유였다. 새뮤얼 역시 1890년 캅카스(코카서스) 지역을 탐사하는 동안 석유의 잠재력을 깨달았다. 때마침 내연기관이 등장해 석유 수요가 급증했다. 록펠러가 석유왕이 된 것도 그즈음이었다. 그 무렵 일본은 난방 연료로 목탄을 쓰고 있었다. 새뮤얼은 이에 착안해 캅카스 지역의 등유와 경유를 일본과 동아시아에 팔았다. 그때부터 일본과 동아시아는

런던 오피스 빌딩에 셸의 깃발이 걸려 있다. 세계적 정유회사가 된 셸 운송·무역회사는 유조선을 활용한 대량 수송으로 석유 판매 가격을 낮출 수 있었다. 그는 일본 요코하마 해변에서 조개를 주웠던 경험을 담아 조개 모양 상표를 유조선에 붙였다. 이는 오늘날 세계적 석유 에너지 기업 셸의 상표가 됐다. 그는 "낯선 일본의 해안에서 혼자 조개를 줍던 과거를 결코 잊지 않겠다"며 어려웠던 시절을 삶의 거울로 삼았다.

석유로 난방하고 조명을 밝히기 시작했다. 이 사업도 대성공을 거두었다.

당시 새뮤얼은 동남아 시장을 놓고 미국의 록펠러와 경쟁이 붙었다. 그는 물류비용을 줄일 방법을 찾았다. 바로 수에즈운하를 통과하는 일이었다. 증기선 몇 척을 빌려 석유통을 가득 채우고 최초로 수에즈운하를 통과하는 석유의 대량 운송에 성공했다. 이후 동아시아 항구에 대규모 석유 저장고를 건설하고 1891년 프랑스 로스차일드 가문의 브니토 석유회사와 9년간 독점 계약을 맺어 등유를 동아시아에 판매했다.

그런데 러시아에서 일본까지 석유를 운반하는 게 쉽지 않았다. 석유를 담은 5갤런 통이 쓰러져 석유가 흘러나오기 일쑤였다. 그러면 더러워진 배를 청소하는 일이 큰 문제였다. 화재 위험이 큰 석유 운송을 선박회사들이 꺼려 운송비도 엄청 비쌌다. 새뮤얼은 고민 끝에 아예 배 전체를 기름 탱크로 만드는 유조선을 착안했다. 그는 전문가에게 설계를 의뢰해 영국 조선회사에 유조선을 발주했다. 그리고 1892년 유조선 선주가 됐다. 새뮤얼의 유조선은 수에즈운하 통과에 최적화됐다.

그 무렵 러시아는 러시아산 석유를 외국 배가 운반하는 것을 금지하려는 움직임을 보였다. 그래서 새뮤얼은 당시 네덜란드 식민지였던 인도네시아 석유 탐사에 뛰어들었다. 네덜란드는 왕립석유회사를 설립해 수마트라 유전을 개발하고 있었다. 새뮤얼은 운 좋게 인도네시아 최대 유전 개발에 성공해 한꺼번에 8척의 유조선을 발주했다. 이 배들이 세계 최초의 유조선단이었다. 그리고 요코하마 해변에서 조개를 주웠던 추억을 새긴 조개 모양 상표를 유조선마다 붙였다. 이후 3년 사이에 수에즈운하를 통과한 유조선 69척 중 65척이 새뮤얼 소유 선박이거나 전세 선박이었다. 새뮤얼은 유조선을 활용한 대량 수송으로 석유 가격을 크게 낮췄다. 록펠러의 해외 독점이 무너진 이유도 수에즈운하로 러시아산 원유를 수송하는 새뮤얼의 유조선들 때문이었다. 그 뒤 유조선 사업이 잘되어 1897년 '셸Shell 운송·무역회사'를 세웠다.

이후 새뮤얼은 보르네오와 영국에 정유 공장을 지어 유럽과 아시아 석유 시장을 석권해 선박왕 별명을 얻었다. 그 뒤 상업 은행가가 돼 일본 지방채를 팔아 영국 자본의 일본 진출을 도왔다. 정계에도 진출해 1891년 런던시 의원이 됐고 1902년 49세에 런던

유럽과 아시아를 정복한 새뮤얼의 유조선단. 러시아 석유를 일본에 팔던 마커스 새뮤얼은 배 전체를 기름 탱크로 만드는 유조선을 발주했다. 인도네시아 유전 개발에 성공한 새뮤얼은 8척의 유조선으로 유조선단을 꾸리고 배에 조개 모양 상표를 붙였다. 사진은 1960년대 유조선. (출처: 위키피디아)

시장에 취임해 런던 항만청을 설립했다. 그는 영국의 석유산업을 일으킨 공로로 귀족 작위를 받았다.

당시 새뮤얼은 영국 함대에도 석유를 공급하고 있었다. 그의 사업이 성공할수록 영국인들은 유대인이 석유산업을 좌우한다며 반발했다. 압력이 심하게 들어와 어쩔 수 없이 석유회사를 팔 수밖에 없었다. 그는 회사를 매각 합병할 때 두 가지 조건을 내세웠다. 비록 소액 주주일지라도 반드시 그의 자손이 회사 임원이 될 것과 회사가 존속하는 한 조개 모양 상표를 사용해야 한다는 것이었다. 이후 셸은 1907년 네덜란드 왕립석유회사인 로열더치페트롤리엄과 합병해 세계 2위 규모의 '로열더치셸'이 된다. 최근 회사명을 '셸'로 바꾼 로열더치셸의 상표는 지금도 조개 모양이다.

새뮤얼은 자신이 어려웠던 시절을 기억하며 삶의 거울로 삼았다. 그는 "나는 죽음의 위협을 피해 런던으로 피란 온 가난한 유대인 집안의 아들로서 낯선 일본의 해안에 도착해 혼자 조개를 줍던 과거를 결코 잊지 않겠다고 맹세했다."라고 말하곤 했다.

역경에 어떤 자세로 대처하느냐가 중요하다

설사 삶에 어려운 일이 닥쳐도 부모가 인내심을 가지고 침착하게 대응하면 이를 지켜본 자녀 역시 시련을 이겨내겠다는 굳은 결심과 강인한 의지를 품게 된다. 삶이 아무리 힘들어도 가족의 행복을 결코 거두어갈 수 없다는 믿음을 아이들에게 안겨준다. 아이는 부모가 강인한 의지로 삶을 헤쳐나가는 모습을 보여줄 때 더 큰 자각을 느끼며 성숙해진다. 부모가 어떤 자세로 곤경에 대처하느냐에 따라 가족의 미래가 달라진다. 역경에 잘 대처하면 오히려 어려운 환경이 가족의 단합과 우애를 촉진한다. 역경은 자녀 교육에 아주 좋은 것이다.

유대인은 이를 '역경 지수 adversity quotient'라 하여 중요하게 생각한다. 역경 지수가 높은 사람은 고난과 역경 속에서도 절대로 낙관적인 삶의 태도를 포기하지 않는다. 그래서 유대인 사회에서는 '역경 교육'을 강조한다. 유대인은 사람의 운명이 세찬 파도 가운데 떠있는 '조각배'이며 역경 지수는 이를 뚫고 나아가는 '힘'이라고 생각한다. 그래서 자녀들이 졸업 등 인생의 한 매듭을 지을 때마다 이를 축하하는 의미로 역경을 선물하곤 한다.

말더듬이 소년은 어떻게 색채의 마술사가 되었는가
(마르크 샤갈 이야기)

초정통파 출신으로 20세기를 대표하는 화가가 되다

마르크 샤갈Marc Chagall은 피카소와 더불어 20세기 미술사를 대표하는 화가다. 그는 신실한 초정통파 하시디즘 유대교인이다. 하시디즘이란 히브리어 '경건한 자'란 뜻의 '하시드'에서 유래한 것으로 율법의 정신을 존중하는 경건주의 운동을 가리킨다. 동시에 경건주의의 엄격한 종교적 신념과 전통을 따르는 초정통파 유대교를 일컫기도 한다.

그런 그가 십자가 위의 예수 그리스도를 그렸다. 그리고 십자가 좌우로 핍박받는 유대인의 모습을 함께 그렸다. 그는 종교를 뛰어넘어 하느님의 긍휼하신 사랑 '헤세드'를 실행하는 인물로 십자가에 달린 유대인 예수를 발견한 것이다. 히브리어 헤세드는 그리스어로 '아가페'다. 헤세드는 인간에 대한 신의 희생과 사랑을 뜻한다.

 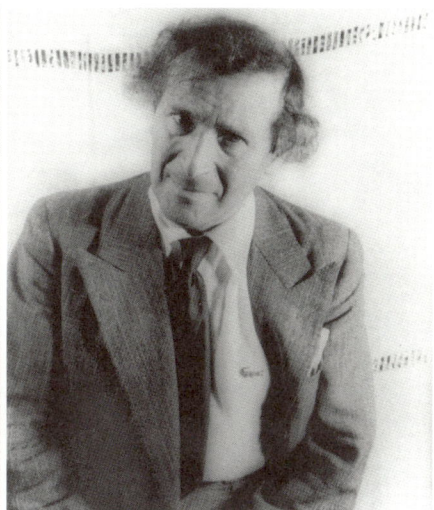

1921년과 1941년의 샤갈 (출처: 위키피디아)

주제와 색채의 원천은 하시디즘과 고향이다

어린 시절 샤갈은 랍비로부터 『성경』을 배웠다. 유대교는 다른 종교와 달리 무소유와 청빈을 권하지 않고 오히려 부의 축적이 하느님의 축복이라고 가르친다. 그러다 보니 『탈무드』에서 가난은 죄라고 가르친다. "만일 세상의 모든 괴로움과 고통을 모아서 저울 한쪽에 올려놓고 가난을 다른 쪽에 올려놓는다면 가난이 그 모든 것보다도 더 무겁다."

샤갈은 가정을 가난하게 이끈 아버지를 좋아하지 않았다. 아버지는 청어를 열심히 날랐지만 한 달 수입은 20루블에 지나지 않았다. 그의 그림에 등장하는 생선은 아버지에 대한 은유다. 반면에 그는 어머니를 좋아했다.

어린 시절 샤갈은 말더듬이라 친구랑 잘 어울리지 못했다. 어머니는 도서관에서 책을 빌려와 어린 샤갈을 자연스레 책과 친하게 만들었다. 어린 샤갈은 어느 날 홀연히 그림에 빠져들었다. 그는 어머니에게 화가가 되고 싶으니 미술학교에 보내달라고 졸랐다. 어머니는 아들이 책 속의 삽화를 종일 베끼며 보내는 모습을 보며 동네 미술 교실을 운영하는 화가 유리 펜에게 데려갔다. 어린 샤갈은 그렇게 화가의 길로 접어들었다.

샤갈은 유대인이라 입학이 거부돼 스무 살이 돼서야 당시 러시아 제국의 수도였던 상트페테르부르크 예술학교에 등록할 수 있었다. 유대인은 통행증이 없으면 다른 도시로 출입이 허가되지 않았다. 그의 아버지는 임시 통행증을 얻어와 물품 배달을 가는 것처럼 꾸며 샤갈을 상트페테르부르크로 보냈다.

샤갈은 왕실미술학교를 졸업했다. 그 후 그의 재능을 알아본 러시아 의원 막심 비나베르의 후원으로 1910년 스물네 살에 파리로 유학을 떠났다. 그는 프랑스에서 비로소 자유를 만끽했다. 프랑스는 1791년 유대인에게도 똑같은 시민권을 부여하는 법을 통과시킨 나라였다. 태어나 처음 맛보는 자유의 공기는 그의 예술혼도 자유롭게 만들었다. 그는 온종일 루브르박물관에 살다시피 하면서 위대한 대가들의 그림을 관찰하며 자신만의 빛과 공간을 탐구했다.

샤갈이 그리는 그림의 주제와 색채의 원천은 바로 하시디즘과 고향이었다. 그의 집안이 독실하게 믿는 하시디즘 유대교는 신의 신성한 빛(불꽃)이 만물 속으로 흘러들어 만물에 신성이 깃들어 있다고 믿는 종파다. 그들은 신의 본질인 '엘로힘Elohim'과 사물 속에 내재한 신의 본성 '셰키나Shekhinah'를 영원히 결합하는 것이 구원

예루살렘 히브리대학교 의료센터 내 유대교 회당 하다사. 마르크 샤갈의 작품으로 된 스테인글라스.

이며, 이는 세계와 자신을 즐겁게 긍정하고 사랑함으로써 가능하다고 믿었다. 또한 그들은 사람이 죽으면 그 영혼이 동물의 몸으로 들어간다고 보았다. 따라서 사람과 동물이 영혼을 교류하는 친구가 될 수 있다고 믿는다. 샤갈의 그림 속 동물들이 마치 사람의 모습처럼 환생해서 나타나는 이유가 바로 그 때문이다. 이런 사상은 파리 정착 초기에 고향을 그리워하며 그린 「나의 마을」에 잘 나타난다.

독실한 유대교도가 예수와 마리아를 그리다

이 시기에 샤갈은 자신의 신앙을 초월한 그림을 그리기 시작한다.

「골고다」 (출처: 위키피디아. 소장: 뉴욕 현대미술관)

그의 그림 「골고다」는 독실한 유대교 신자가 그렸다고 믿기 어렵게 예수를 주제로 삼고 있다. 유대교와 기독교의 벽을 뛰어넘어 샤갈이 추구하는 절대적 사랑 '헤세드'를 이 땅에 구현한 존재에 대한 작품이었다. 어린아이 모습으로 묘사된 십자가 위의 예수는 후광으로 둘러싸여 있고 겁에 질린 유다가 사다리를 들고 도망치고 있다. 샤갈은 이듬해 예수를 잉태한 마리아를 그렸다. 아기 예수를 원형의 테두리 안에 넣어 성모의 배 속을 투시한 그림이다. 이는 러시아 정교회 '이콘(성화)'의 형식을 빌린 것이다.

샤갈은 고향에 있는 약혼녀 벨라와 결혼하기 위해 1914년 러시아로 가서 고향 비텝스크에 머물게 되고 몇 주 뒤 제1차 세계대전이 발발하여 국경이 봉쇄된다. 이듬해 벨라와 결혼해 첫 딸 이다를 낳고 행복한 결혼 생활을 보낸다. 이 시기 그림에는 사랑에 빠진 몽환적인 젊은 연인들이 화폭에 담겨 있다. 특히 벨라를 그린 그림이 많다.

1922년 샤갈은 가족을 데리고 고향을 떠나 베를린을 통해 이듬해 파리로 돌아온다. 이후 강렬한 색채로 사람과 동물을 섞어 환상적이며 신비한 그림을 그리기 시작하면서부터 그의 이름이 널리 알려지게 된다. 피카소는 "마티스가 죽은 후 진정으로 색채가 무엇인지 이해할 수 있는 화가는 샤갈뿐이다."라며 샤갈의 그림을 극찬했다.

나치의 유대인 탄압이 본격적으로 시작된 1938년에 샤갈은 「하얀 십자가 처형」을 그렸다. 그림에서 샤갈은 2,000년 전에 일어난 십자가 처형이 당시 독일에서 유대인 학살로 재현되고 있음을 알렸다. 그 뒤 1941년 제2차 세계대전 때 나치의 탄압을 피해 자신의 작품들을 미처 챙기지도 못한 채 뉴욕으로 피신했다. 1944년 9월 그의 아내 벨라가 감염병으로 죽게 된다.

홀로 남은 그는 1947년 프랑스로 돌아와 지중해 해안가에서 사랑을 담은 그림을 그리며 1950년 프랑스 국적을 취득했다. 샤갈의 딸은 아버지가 사랑에 빠져 있을 때에만 예술혼이 살아난다는 사실을 알았기에 여자를 소개했다. 1952년 65세의 샤갈은 딸의 소개로 유대인 여성 발렌티나 바바 브로드스키와 재혼해 다시 활력을 되찾았다.

샤갈의 무덤

　1966년 샤갈은 17점 연작 「성경의 메시지」를 프랑스 정부에 기증했다. 프랑스 정부는 샤갈의 작품을 전시하는 국립미술관의 건설을 추진했다. 니스시가 미술관 토지를 제공해 1973년 샤갈의 86세 생일날 '샤갈미술관'이 문을 열었다. 샤갈은 1985년 98세의 나이에 눈을 감아 생폴 드 방스의 유대인 묘지에 묻혔다.

[더 읽을거리]
러시아에서 반 유대주의 폭동이 있었다

마르크 샤갈은 1887년 러시아 벨라루스의 유대인 도시 비텝스크에서 가난한 집 맏아들로 태어났다. 당시 도시 인구 6만 6,000명의 절반이 유대인이었다. 아버지는 생선 가게 종업원으로 청어를 나르는 일을 했으며 어머니는 집에서 야채를 팔았다. 그들은 하느님의 선물을 주시는 대로 모두 받아 9남매를 두었다.

샤갈이 태어난 당시는 러시아의 포그롬 직후였다. 포그롬이란 '아수라장에 분노를 퍼붓다.' '폭력적으로 파괴하다.'라는 뜻의 러시아어다. 1881년 3월 유대인이 연루된 차르 알렉산드르 2세 암살 이후 3년여 동안 우크라이나와 남부 러시아를 휩쓴 대규모 반유대주의 폭동을 일컫는 말이다. 이때 군중은 유대인을 닥치는 대로 학살했다. 수십만 명이 희생됐다. 그러지 않아도 2등 시민으로 낙인찍혀 남부 러시아에 쫓겨와 살고 있던 유대인 공동체에 마른하늘에 날벼락 같은 참화였다. 이후에도 진행된 유대인 박해로 인해 샤갈의 가정이 끔찍한 정신적 트라우마를 겪었으리라 가늠할 수 있다.

4장

[개척관]

하느님의 자녀로서 받은 가능성에 최선을 다해 산다

라스베이거스를 카지노와 컨벤션 도시로 만들다
(벅시 시겔, 커크 커코리언, 셀던 애덜슨 이야기)

벅시 시겔, 사막 한가운데에 오아시스를 설계하다

우리는 일자리가 감소하는 시대에 살고 있다. 로봇으로 인한 산업 자동화와 비약적으로 발전 중인 인공지능과 자율주행 등이 인간의 일자리를 빠르게 빼앗아 갈 전망이다. 이에 대처할 고용 창출 계수가 높은 서비스산업, 특히 관광산업이 주목받고 있다. 최근 팬데믹이 잦아들면서 관광이 재개되고 있다. 관광산업은 천혜의 환경 또는 조상으로부터 물려받은 문화유산이 있어야 꽃피우는 건 아니다. 사막 위에 건설된 라스베이거스나 습지 위에 세워진 올랜도 디즈니월드를 보라. 이들은 관광산업을 진흥하는 데 인간의 창의력이 얼마나 중요한지를 웅변적으로 말해주고 있다. 이를 증명해낸 게 유대인들이다.

1946년 모하비 사막 한가운데 최초의 현대식 카지노 호텔인 플라밍고 호텔을 건설한 벅시 시겔Bugsy Siegel도 유대인이다. 19세

라스베이거스의 중심가인 스트립의 대로변을 따라서 호텔, 카지노, 공연장, 전시장, 회의장, 놀이시설 등을 아우른 복합 리조트들이 들어서 있다. 건물들은 고대 이집트, 프랑스 파리, 미국 뉴욕 등을 재현한 다양한 테마로 설계됐다. 여기에서는 연중 세계적 수준의 공연과 전시회가 열린다. 황무지나 다름없던 라스베이거스를 잠들지 않는 도시로 만든 주역은 벅시 시겔, 커크 커코리언, 셸던 애덜슨 등 유대인들이었다.
(출처: 라스베이거스 컨벤션, 관광국)

기 미국의 마피아는 유대인과 아일랜드파가 주도했다. 그 뒤 이탈리아 마피아가 가세했다. 1930년대 뉴욕 암흑가를 지배하던 유대인 마피아는 서부 장악을 위해 벅시를 LA에 파견하게 된다. 벅시는 1940년 협의 차 뉴욕으로 가던 중 사막지대 작은 은광촌 라스베이거스에 들렀다. 광부들을 위한 선술집들과 작은 호텔 두 개가 있었다. 당시 라스베이거스 인구는 8,000명 남짓이었다.

이때 그는 라스베이거스의 미래에 대한 큰 그림을 그렸다. 이 사막 한복판에 현대식 카지노 호텔을 세우면 장기적으로 수익성이 큰 사업이 될 것으로 확신했다. 사막을 통과하는 차량이 많아 사막의 오아시스 개념이었다. 그는 이 계획에 회의적이던 조직 수뇌부를 설득해 600만 달러를 빌려 플라밍고 호텔을 건설했다. 그런데 개장 후 예상보다 손님이 없었다. 1947년 7월 벅시는 베벌리힐스 저택에서 수십 발의 총격을 받고 즉사했다. 뉴욕 마피아가 그를 살해했다는 소문이었다. 훗날 유대인 영화감독 배리 레빈슨은 그의 일대기를 그린 영화 「벅시」를 1991년에 만들었다. 그런데 그의 사후 벅시의 예견대로 사막의 은광촌이 천지개벽하여 카지노와 마이스MICE 산업의 중심지가 됐다.

커크 커코리언, 라스베이거스 쇼를 시작하다

그 뒤 오늘날의 라스베이거스를 만든 사람은 아르메니아계 유대인 커크 커코리언Kirk Kerkorian이다. 그는 1947년 LA에서 라스베이거스로 가는 관광객들을 실어 나르기 위해 6만 달러짜리 비행기를 구입해 항공사를 설립했다. 융자를 얻어 비행 연료와 퇴역 폭격기 등에 투자해 큰돈을 벌었고 1962년 라스베이거스 스트립Strip 거리의 토지 80에이커를 96만 달러에 매입했다. 이 거리에 로마제국을 상징하는 시저스 팰리스 호텔이 들어섰다. 손님을 로마 황제처럼 모시겠다는 뜻이다. 그 뒤 라스베이거스 호텔은 특정 테마를 주제로 건설됐다. 그는 벅시가 세운 플라밍고 호텔을 1,250만 달러에 인수해 운영하다 1969년 힐튼호텔 체인에 6,000만 달러에 팔아 그 돈으로 당시 세계에서 제일 큰 인터내셔널 호텔을 건설했다.

그는 호텔 개장 초기에 손님을 끌기 위해 큰 행사를 도입했다. 엘비스 프레슬리와 유대인 여가수 바브라 스트라이샌드를 영입

세 명의 유대인이 없었다면, 세계 관광산업의 중심지이자 24시간 잠들지 않는 도시라는 라스베이거스의 명성은 기대하기 어려웠을 것이다. 왼쪽부터 카지노 도시의 밑그림을 그렸던 벅시 시겔, 오늘날 라스베이거스의 기틀을 다진 커크 커코리언, 복합리조트 사업을 라스베이거스에서 전 세계로 확장했던 셀던 애덜슨 (출처: 위키피디아, 라스베이거스리뷰저널)

해 매일 공연을 벌였다. 하루에 4,200명의 손님이 공연을 보기 위해 한 달 내내 몰렸다. 이것이 라스베이거스 쇼의 효시다. 호텔이 자리잡자 곧바로 힐튼호텔 체인에 1억 달러를 받고 팔았다. 그는 1968년 항공사를 팔아 MGM 영화사 지분 40퍼센트를 사들인 뒤 연면적이 뉴욕의 엠파이어스테이트 빌딩을 능가하는 MGM 호텔을 건설했다. 그 뒤 1981년 유나이티드아티스트 영화사를 3억 8,000만 달러에 사들여 5년 뒤 이탈리아계 회사에 13억 달러에 팔았다. 같은 해 MGM 호텔을 발리그룹에 6억 달러에 매각했다. 그 뒤에도 그는 호텔들을 잇달아 건설했다. 벨라지오, MGM 그랜드 리조트 콤플렉스, 뉴욕뉴욕, 서커스서커스, 룩소르, 엑스칼리버, 트레저아일랜드 등이 모두 그의 작품이다. 오늘날의 라스베이거스는 그에 의해 탄생했다고 보아도 무리가 없다.

라스베이거스의 한적한 마을이었던 프리몬트 거리는 카지노, 공연, 전시를 아우르는 세계적인 관광도시로 탈바꿈했다.

셸던 애덜슨, 카지노에서 전시·컨벤션 도시로 바꾸다

셸던 애덜슨Sheldon Adelson은 라스베이거스를 카지노 도시에서 전시·컨벤션 도시로 바꾼 유대인이다. 그는 세계 최대 IT 전시회로 유명한 '컴덱스COMDEX 쇼'를 1979년 라스베이거스 MGM 그랜드 호텔(현 발리 호텔)에서 처음 개최했다. 전시회는 뉴욕이나 시카고에서 열린다는 통념을 깬 유쾌한 전시회였다. 당시 그는 1제곱피트(약 930제곱센티미터)당 대관료로 15센트를 내고 전시업체에서 50달러를 받아 고수익 비즈니스를 창출했다. 컴덱스 쇼는 이후 미국 내 다른 도시와 유럽, 일본에서도 개최됐다. 애덜슨은 컴덱스 쇼를 1995년 일본의 소프트뱅크에 8억 6,000만 달러에 매각했다.

이후 애덜슨은 해외로 눈을 돌려 2004년 5월 마카오에 샌즈 카지노를 개설했다. 투자금을 불과 10개월 만에 회수하여 '샌즈 효

싱가포르 마리나베이 샌즈

과'라는 신조어를 남겼다. 이어 2007년 샌즈 호텔 투자금의 10배에 달하는 23억 달러를 들여 세계 최대 복합리조트 '베네치안 마카오 리조트'를 세우고 개관 일주일 만에 50만 명을 끌어모으는 기염을 토했다. 그는 2009년 말까지 130억 달러의 자금을 쏟아부었고 마카오는 세계 최대 카지노와 마이스 산업의 중심지가 돼 라스베이거스를 추월했다.

애덜슨은 싱가포르에도 진출했다. 싱가포르는 1997년 금융위기와 경기침체를 겪으며 새로운 성장동력이 필요했다. 제조업과 병행해 서비스산업을 발전시키기로 했다. 특히 일자리 창출과 내수진작 효과가 큰 관광산업 육성을 위해 2005년 복합리조트를 건설하기로 했다. 싱가포르의 국부 리콴유는 내 눈에 흙이 들어가기 전에는 카지노를 허락하지 않겠다고 공언했지만 결국 소신을 접었다. 세상이 변해 복합리조트가 없으면 관광과 마이스 산업을 성장시킬 수 없기 때문이다. 치열한 토론 끝에 야당도 결국 동의했다.

  그 뒤 싱가포르는 2010년 두 개의 대형 복합리조트를 개장했다. 마리나베이 샌즈는 우리나라의 쌍용건설이 시공을 맡아 완공한 복합리조트로 옥상에 있는 축구장 네 배 크기 수영장은 세계적인 명소로 떠올라 하루 방문객이 최대 15만 명에 이른다. 센토사섬에 지은 복합리조트 '리조트 월드 센토사'는 호텔 6개, 유명 테마파크, 유니버설 스튜디오를 유치해 개장 첫해인 2010년에 43억 달러를 벌어들였다. 이후 관광객 수는 20.2퍼센트로 늘어났다. 당시 세계적 경기침체 속에서도 싱가포르 경제 성장률은 14.5퍼센트를 기록했고 세수도 7.75퍼센트 증가했다.

[더 읽을거리]
서울도 라스베이거스처럼 될 수 있을까?

애덜슨은 2009년 마리나베이 샌즈에서 가진 기자회견에서 "한국을 마카오와 싱가포르에 이어 아시아의 세 번째 투자처로 보고 있다."라면서 "특히 서울이나 영종도가 복합리조트 위치로 좋다."라고 말했다. 그는 또 한국 신문과 인터뷰에서 이렇게 말했다.

"라스베이거스에는 카지노를 갖춘 대형 리조트가 25~30개 됩니다. 경쟁이 아주 심하죠. 하지만 아시아 시장에서는 상대적으로 경쟁이 덜합니다. 마카오에도 도박장이 많이 있습니다만, 우리 건물에는 대규모 컨벤션 시설과 각종 전시를 위한 쇼룸, 350개의 상점, 30개의 레스토랑, 의료 관광을 위한 병원이 있지요. 이런 복합리조트는 마카오에서 우리가 유일합니다. 카지노는 전체의 4퍼센트 미만에 불과합니다. 우리는 이런 모델을 통해 라스베이거스를 바꿨고 지금은 싱가포르를 바꾸고 있습니다. 다음에는 서울, 인천, 부산을 바꾸고 싶습니다."

그는 중국 부富의 60퍼센트가 모여 있는 중국 동부 연안을 마주한 한반도 서해안에 마카오를 능가하는 새로운 꿈의 도시를 그렸다. 비행기로 3시간 이내 거리에 있는 구매력 있는 도시 숫자는 영종도가 마카오나 싱가포르보다 훨씬 더 많다. 세계 인구의 4분의 1이 몰려 있고 인구 100만 명이 넘는 도시만 51개가 있다. 최적의 입지인 셈이다. 애덜슨은 그의 마지막 꿈을 펼치지 못하고 2021년 초 영면했다.

컴퓨터 알고리즘 투자 기법을 개발하다
(제임스 사이먼스 이야기)

수학으로 시장을 풀어내 헤지펀드의 대가가 되다

월가의 전설 제임스 사이먼스James Simons는 하버드대학교 교수 출신이다. 그는 월가 최초로 컴퓨터 알고리즘 투자 기법을 개발한 금융 공학자로 연간 수입이 3조 원에 이른다. 그의 회사는 수학자들이 개발한 컴퓨터 프로그램으로 자동 매매만 하는 것으로 유명하다. 즉 데이터를 바탕으로 한 수학적 분석만을 의사결정의 토대로 삼는 시스템이다.

이제 주식시장은 사람의 '경험이나 감'이 아니라 컴퓨터 매매가 대세를 이루고 있다. 이를 주도한 제임스 사이먼스는 환경 변화에 흔들리지 않고 꾸준히 큰돈을 버는 것으로 유명하다. 다우지수가 반 토막이 난 글로벌 금융위기 때조차 고수익을 냈다. 2008년 수익률 152퍼센트로 79억 달러, 2009년 수익률 75퍼센트로 39억 달러, 2010년 58퍼센트로 58억 달러를 벌어 불황기에 오히려 큰 수

유대인 가정에서 태어난 제임스 사이먼스는 하버드대학교 등에서 수학을 가르친 뒤 국가안보국 산하 연구소에서 초고속 암호 해독 알고리즘을 개발했다. 이를 투자에 적용한 그는 월가에서 자신이 세운 투자회사 '르네상스 테크놀로지'를 단기 투자 매매와 계량 분석에 특화한 회사로 키워냈다. (출처: 위키피디아)

익을 냈다. 헤지펀드가 평균 10퍼센트의 손해를 기록한 2011년조차 수익률 71퍼센트로 71억 달러를 벌었다. 헤지펀드는 뮤추얼펀드와 달리 많은 수수료를 뗀다. 사이먼스의 르네상스 테크놀로지는 고정 수수료 5퍼센트에 성과 수수료는 수익의 44퍼센트에 이른다. 그럼에도 투자자들이 줄을 선다. 과연 사이먼스는 어떤 방법으로 불황기에도 이런 큰 수익을 내는 것일까?

직감이나 경험이 아닌 데이터로 패턴을 찾는다

1938년 미국 보스턴의 유대인 가정에서 태어난 제임스 사이먼스는 호기심 가득한 천재다. 그는 매사추세츠공과대학교MIT 수학과를 20세에 조기 졸업한 기념으로 뭔가 의미 있는 여행을 하고 싶었다. 친구들과 함께 스쿠터로 아메리카 대륙 종단에 나섰다. 여행 명칭은 '부에노스아이레스까지 죽기 살기로'였다. 하지만 중간에 위험한 고비를 넘기며 콜롬비아 보고타까지만 여행했다.

여행을 마친 후 버클리대학원에 진학하고 결혼했다. 그는 축의금 5,000달러로 주식 투자를 시작했는데 변동성이 큰 대두大豆 투자로 갈아탔다. 새벽마다 시장에 나가 대두 가격 움직임을 살피며 가격 변동을 예측할 수 있다고 생각했다. 그러면서 3년 만에 미분기하학으로 박사학위를 땄다. 그 뒤 MIT 교수로 재직하다 그만두고 친구들과 함께 콜롬비아 보고타에서 제조회사를 창업했다. 회사를 성공적으로 정착시킨 뒤 1963년 하버드대학교 교수가 됐다.

이번에도 교수직에 만족하지 못한 사이먼스는 뭔가 새로운 도전거리를 찾았다. 결국 이듬해 연봉이 두 배 많은 국가안보국NSA 산하 국방분석연구소로 자리를 옮겼다. 암호 해독 부서에 배치된 사이먼스는 의미 없어 보이는 난해한 데이터와 씨름하며 패턴을 찾아내는 일을 맡았다. 그는 그곳에서 선임들에게 패턴을 활용한 수학 모델과 컴퓨터 알고리즘을 만드는 방법을 처음 배웠다. 천재일우의 기회였다. 그 뒤 그는 초고속 암호 해독 알고리즘을 개발해 그간 풀지 못했던 소련 암호 해독에 성공했다.

1960년대만 해도 컴퓨터가 귀해 증권사들이 데이터를 카드 분류 방식으로 관리했을 때다. 사이먼스는 컴퓨터를 활용해 여러 프로그램을 시험해볼 수 있는 행운아였다. 이때 그는 암호 해독에서 귀중한 힌트를 얻는다. 곧 주식시장에서도 무의미한 것처럼 보이는 여러 신호 사이에서 유의미한 패턴을 발견할 수 있다고 본 것이다. 그는 동료들과 함께 주식 투자 컴퓨터 프로그램을 만들어 투자하기로 했으나 자금 마련에 실패했다. 사이먼스는 퇴역 합참 의장의 베트남 전쟁 옹호 칼럼을 반박하는 인터뷰를 했다가 연구소에서 해고당했다.

하지만 그의 수학 실력을 익히 아는 학계는 그를 가만히 내버려 두지 않았다. 사이먼스는 1968년 뉴욕주립대학교 스토니브룩 캠퍼스의 수학과 학과장으로 초빙되어 30세에 다시 교수가 됐다. 그는 1976년 38세에 수학계의 노벨상이라 부르는 베블런상을 받았다. 그가 학과장으로 재직했던 10년간 유명 교수 20명을 초빙해 스토니브룩 수학과를 일류로 키워냈다. 하지만 그의 못다 이룬 꿈, 곧 주식 투자에 대한 미련이 다시 꿈틀거렸다. 1978년 과감히 종신 교수직을 내던지고 마흔 살에 자신의 투자회사를 설립해 금융계에 뛰어들었다.

보너스를 활용해서 동료와의 협업을 이끌어낸다

유대인의 특징은 무엇을 하든 '함께'한다는 점이다. 사이먼스 역시 천재 동료들을 끌어들였다. 1979년 암호 해독을 같이했던 수학자 레너드 바움과 스토니브룩 동료 교수 제임스 엑스를 영입했다. 그들과 외환 거래를 함께하며 암호 해독 때처럼 시장에서 유의미한 패턴을 찾아 투자 모델을 만들기 시작했다. 투자 모델이 완성되기도 전에 모금한 300여만 달러를 수천만 달러로 불렸다. 그 뒤 거래

품목을 늘려 원자재와 채권 선물에도 투자했다. 그들은 시장 데이터를 모아 마침내 수학적 투자 모델을 만들었다.

사이먼스는 1988년 엘윈 벌캄프를 끌어들였다. 그는 이미 선물거래 알고리즘을 만들어 1986년에 선물거래회사 '악스콤'을 설립해 단타 거래로 높은 수익률을 올리고 있었다. 벌캄프는 사이먼스가 1988년에 만든 메달리온펀드 투자 종목의 평균 보유 기간을 1주 반에서 하루 반으로 줄였다. 유의미한 패턴의 지속 기간이 짧아 보유 기간이 짧을수록 수익이 컸기 때문이다. 사이먼스는 1992년 아예 악스콤을 사들여 이 알고리즘이 메달리온펀드의 기초가 되게 했다. 이듬해에는 IBM의 초기 인공지능 개발자 로버트 머서와 피터 브라운을 영입해 투자 범위를 주식으로 넓혔다. 이후 르네상스 테크놀로지는 인공지능을 활용한 컴퓨터 프로그램을 개발해 초단타 매매에 집중하게 된다.

사이먼스는 천재 수학자인 동시에 천재 경영자였다. 40년 전에 이미 동료들이 창의성을 발휘하도록 자유근무제는 물론 쾌적한 업무 환경을 조성하기 위해 최선을 다했다. 뉴욕이 아니라 따뜻한 서부에서 살고 싶다는 동료들을 위해 캘리포니아 해변가에 별도 투자회사를 마련했다. 그는 MBA나 금융계 출신을 뽑지 않고 수학자, 물리학자, 기상학자들을 채용해 분야별 투자 모델을 개발했다. 하지만 과학자들은 홀로 연구하는 데 익숙해 팀원 간 소통과 협력에 문제가 많았다. 사이먼스는 이를 해결하기 위해 매주 업무 토론을 정례화해 정보를 공유하게 했고 격주로 전문가 특강을 듣고 이를 어떻게 업무에 접목할지 토론했다.

하지만 이것으로 충분치 않았다. 사이먼스는 궁리 끝에 소통과 협력을 제도화하기로 마음먹고 새로운 보너스 시스템을 만들었다. 개인별 보너스 지급액을 책정할 때, 예를 들면 본인 성과는 40퍼센트를 차지하고 동료를 도와준 성과는 60퍼센트를 차지하도록 구성해 내가 성과를 내기보다 동료가 성과를 내도록 도와주면 더 많은 보너스를 받게 설계했다. 그리고 장기간 실적을 반영해 협동이 제도로 자리잡고 체질처럼 익숙해지도록 만들었다. 이로써 서로 소통하고 협동하는 시스템을 구축했다.

[더 읽을거리]
30년간 130조 원을 번 역대 최강의 헤지펀드를 만들다

역대 세계 최강 헤지펀드는 제임스 사이먼스가 설립한 르네상스 테크놀로지의 메달리온펀드다. 1988년 이래 30년간 연평균 66퍼센트라는 경이적인 수익률을 올리며 1,045억 달러 수익을 달성했다. 이는 같은 기간 스탠더드앤드푸어스500 S&P500 수익률의 1,000배로 30년간 누적 수익률이 3만 3,000배에 이른다. 1988년에 1,000달러를 투자했다면 30년 후인 2018년에 3,300만 달러로 불어났다는 이야기다. 고율 수수료를 제하더라도 연평균 수익률이 39퍼센트로 2,000만 달러에 달한다.

이 펀드는 직원들만 가입시켜 업무 동기 유발 장치로 사용되며 300여 직원 대부분을 억만장자로 만들어주었다. 롱아일랜드 본사 근처에 으리으리한 저택이 즐비한 이유다. 그러니 직원 모두가 주인 의식을 갖고 CEO의 자세로 협동하여 펀드를 키우고 있다. 지금은 사이먼스의 투자 기법을 따른 퀀트 투자(계량 투자)가 헤지펀드의 대세를 이루고 있다. 심지어 골드만삭스조차 컴퓨터 프로그램 매매에 치중하면서 2017년 트레이더 600명을 2명으로 줄이고 대신 프로그래머 200명을 고용했다.

페이팔을 만들어 핀테크 시대를 열다
(맥스 레브친 이야기)

돈을 암호화해서 송금하다

실리콘밸리에서 피터 틸과 일론 머스크의 명성에 가려 제대로 평가받지 못한 개발자가 있다. 바로 핀테크 시대를 연 맥스 레브친Max Levchin이다. 동시에 그는 '페이팔 마피아'의 탄생 주역이기도 하다.

레브친은 1975년 우크라이나의 유대인 가정에서 태어났다. 1986년 체르노빌 원전 폭발 사고가 일어나자 물리학자인 어머니는 사고의 심각성을 알고 우크라이나를 탈출해 미국으로 건너갔다. 레브친은 일리노이공과대학교에서 컴퓨터 보안을 전공하던 시절에 이미 세 번 창업 경험을 쌓았다. 이 가운데 자동화 마케팅 소프트웨어는 마이크로소프트에 팔렸다. 그는 대학원에 진학하기보다는 더 큰 무대인 실리콘밸리에 가서 제대로 창업하고 싶었다.

레브친은 1998년 스탠퍼드대학교 여름 학기에 헤지펀드 매니저 피터 틸의 강의를 들었다. 신출내기 강사라 학생은 겨우 여섯 명이

페이팔의 최고기술경영자CTO였던 맥스 레브친이 MIT에서 발행하는 기술 비평지 「테크놀로지 리뷰 매거진」(2002년 5월) 선정 '올해의 발명가상'을 받았다. 레브친은 해커들의 공격으로 페이팔과 후발 업체들이 위기에 빠졌을 때 이 문제를 해결할 수 있는 시스템 개발을 주도해 세계 IT 업계의 주목을 받았다. 페이팔은 2002년 2월 나스닥 시장에도 성공적으로 상장되었다. (출처: 위키피디아)

었다. 레브친은 틸과 점심을 먹으며 본인이 창업할 소형기기에 암호화된 정보를 저장하는 보안 기술 아이디어를 설명했다. 틸이 투자 의사를 밝혀 공동 창업을 했다. 레브친이 개발을 맡고 28만 달러를 투자한 틸이 경영을 맡았다. 그들은 여섯 번 실패 끝에 정보를 암호화해서 보낼 수 있다면 돈도 암호화해서 송금할 수 있겠다는 생각에 이른다. 이 아이디어가 페이팔의 전신이 돼 세상을 바꾸게 된다. 이로써 이메일 주소만 알면 송금할 수 있는 서비스를 세계 최초로 개발해 '콘피니티'가 탄생한다.

콘피니티는 편리하고 안전한 온라인 계좌를 제공해 개도국 사람들도 인플레이션에 휘둘리는 자국 통화 이외에 선진국 통화를 쉽게 바꿔 쓸 수 있도록 하자는 아이디어에서 출발했다. 그들은 달러화를 대체할 수 있는 새로운 글로벌 디지털 화폐를 만든다는 아이디어에 흥분했다. 게다가 콘피니티의 송금 방식은 혁신적이었다. 한 번만 신용카드 정보를 입력해 놓으면 언제든지 이메일을 이용해 송금할 수 있어 개인 정보를 재차 입력하지 않아도 됐다. 그래서 개인 정보가 유출되지 않았다. 환율도 알아서 해결한다. 이른바 금융과 IT의 결합인 '핀테크'의 본격 시작이었다.

일론 머스크와 함께 페이팔을 탄생시키다

레브친과 틸이 회사를 키우면서 사람들을 모으는 기준은 하나였다. 같이 즐겁게 일하며 나보다 우리를 중시하는 '단결력'을 가장 중시했다. 이를 위해 대학 시절 친구들을 페이팔에 합류시켰다. 그들은 지금도 스타트업에 투자할 때 창업자의 성향을 최우선으로 본다.

그 뒤 빠르게 경쟁사들이 나타났다. 이베이는 '빌포인트'를 내놓았고 그 외에도 여러 서비스가 나왔다. 그 가운데 하나가 일론 머스크의 '엑스닷컴x.com'이었는데 송금 방식이 콘피니티와 똑같았다. 두 회사는 치열한 경쟁 끝에 2000년 3월 50 대 50 합병을 단행해 페이팔이 탄생했다. 당시 창업 주역 15명 중 9명이 유대인이었다. 페이팔은 창업 초기 유대인 케빈 하츠에게 엔젤 투자를 받았다. 그 뒤 골드만삭스 등 투자자들에게 1억 달러 투자를 끌어냈다.

페이팔 본사. 페이팔은 맥스 레브친과 피터 틸이 공동 창업한 '콘피니티'와 머스크가 세운 '엑스닷컴'의 합병으로 탄생했다.

이후 페이팔이 이베이에 서비스를 제공하자 입점한 사업자들에게 큰 인기를 끌었다.

이때 우후죽순처럼 늘어난 온라인 송금 업계에 큰 사건이 터진다. 해커들이 허위 정보로 돈을 빼내기 시작한 것이다. 도산하는 기업이 속출했다. 해커들의 공격으로 힘들기는 페이팔도 마찬가지였다. 한 달에 1,000만 달러를 손해보기도 했다. 페이팔의 최고기술경영자 레브친에게는 절체절명의 위기였다. 그는 인턴이던 가우스벡과 해커들의 공격을 막기 위한 연구에 몰두했다. 그 결과 탄생한 것이 기계나 컴퓨터가 아니라 사람 눈으로만 판독이 가능한 숫자판 형태의 테스트였다. 그리고 컴퓨터가 스스로 거짓 정보를 식별해내는 솔루션도 발명했다. 이 공로로 MIT는 '올해의 발명가'로 맥스 레브친을 선정했다.

페이팔 초기 창업 멤버들이 한자리에 모였다. 공동 창업자인 맥스 레브친(맨 뒷줄 왼쪽에서 둘째)과 피터 틸(레브친 앞 푸른 상의 착용)은 돈을 암호화해 송금한다는 혁신적인 아이디어를 실현해 핀테크의 장을 열었다는 평가를 받는다. (출처: 일리노이공과대학교 홈페이지)

이후 회사는 빠르게 성장해 직원이 220명까지 늘어났다. 2000년 들어 IT 거품 붕괴로 주식시장이 무너졌음에도 페이팔은 2002년 2월 나스닥 상장에 성공했다. 당시 이베이의 멕 휘트먼은 통 큰 유대인답게 페이팔을 15억 달러에 사들였다.

완벽하게 준비하려고 하면 늦기 때문에 일단 시작하라

페이팔을 매각하여 천문학적인 돈을 벌어들인 젊은 창업가들은 편안히 지내는 길을 택하기보다 다시 새로운 창업에 뛰어들었다. 레브친은 자신의 인생에서 가장 괴로웠던 시기가 페이팔을 매각해 거금을 손에 쥔 뒤라고 했다. 처음에는 내면을 찾는 생활을 하자며 1년간 멋진 해변에서 여자 친구와 놀았지만 금방 시들해졌다. 놀기에는 너무 젊다는 생각이 들었다. 더구나 '게으름은 죄'라는 유대인 고유의 죄의식을 벗어날 수 없었다. 결국 실리콘밸리의 한 벤처캐피털 회사에 취직했다가 다시 창업의 길로 나섰다.

레브친은 2004년 사진과 동영상 공유 사이트 '슬라이드닷컴'을 창업해 하루 18시간씩 일했다. 또 자신의 생일을 맞아 페이팔 동료 16명이 모였을 때 제러미 스토플먼이 창업하려는 '옐프'에 대한 아이디어를 듣고 바로 다음 날 100만 달러를 투자해 맛집 검색 앱이 탄생했다. 이 밖에도 핀터레스트, 유누들, 위페이 등 열 곳이 넘는 회사에 투자했다. 슬라이드닷컴은 2010년 구글에 1억 8,200만 달러에 팔렸다. 그는 2011년부터 실리콘밸리에 테크 인큐베이터 HVF를 설립해 스타트업을 키우는 데 도움을 주고 있다. 페이팔이 선불 결제 시스템이라면 레브친은 2012년 특이한 후불 결제 시스템을 선보였다. 곧 신용카드 없이도 물건을 살 수 있는 '어펌'을 창업했다. 인공지능 기반 어펌 플랫폼은 5초 이내에 고객의 신용을 간단히 체크해 소액 대출을 제공해 먼저 물건을 사고 나중에 할부로 갚는 방식이다. MZ세대에게 선풍적 인기인 어펌의 시가총액은 2022년 기준 40억 달러가 넘는다.

페이팔 창업 멤버들은 각자의 길을 걸으면서도 한 형제처럼 서로 도왔다. 페이팔 출신들은 바쁜 틈을 쪼개어 일주일에 한 번꼴로 모여 서로 아이디어를 놓고 질문과 토론을 거듭했다. 그들은 아이디어가 좋으면 즉석에서 투자를 결정해 지원했다. 이렇듯 페이팔 문화의 특징은 속전속결의 기민함에 있다. 일단 먼저 추진하고 아니다 싶으면 시장에 민첩하게 대응함으로써 결말을 보았다. 완벽

페이팔 마피아 속 유대인

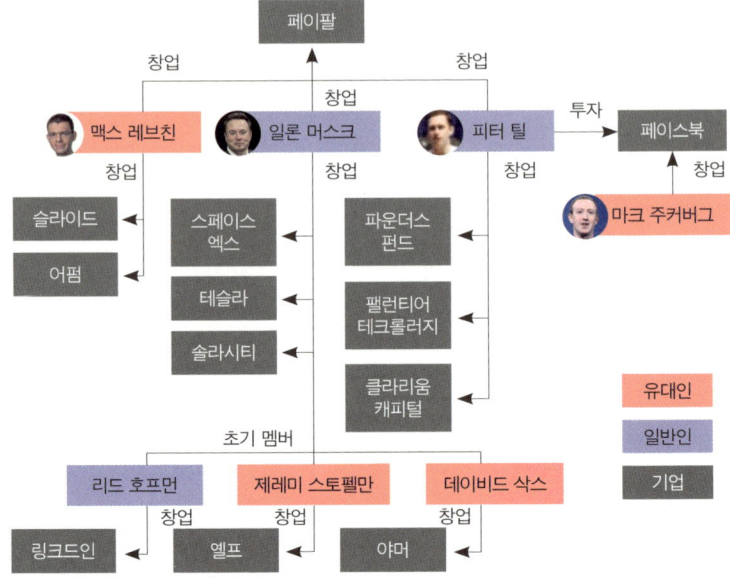

하게 갖추고 나서 시작하면 때를 놓치는 경우가 많기 때문이다. 이렇게 끈끈한 조직력을 보이자 2007년 11월 경제 전문지 「포천」은 페이팔 창업 멤버들을 조명하면서 이들을 '페이팔 마피아'라고 불렀다. 서로 도와 밀어주고 당겨주는 끈끈한 결속력이 마치 마피아 같았기 때문이다.

이들이 세운 회사 가운데 10억 달러 이상 가치를 가진 유니콘이 무려 여덟 곳이나 된다. 일론 머스크의 '테슬라'와 '스페이스X', 스티브 첸, 채드 헐리, 자웨드 카림의 '유튜브', 리드 호프먼의 '링크드인', 제러미 스토플먼, 러셀 시먼스의 '옐프', 데이비드 삭스의 '야머', 피터 틸의 '팔란티어', 맥스 레브친의 '어펌'이다. 그간 페이팔 마피아가 투자한 기업이 2022년 기준 646곳이 넘는다.

[더 읽을거리]
중국이 미국의 페이팔을 모방하다

페이팔은 쉽게 말해 구매자와 판매자의 중간에서 중개하는 일종의 '에스크로escrow' 서비스다. 구매자가 페이팔에 돈을 지불하면 페이팔은 상품이 안전하게 구매자에게 도착한 걸 확인한 뒤 그 돈을 판매자에게 지급하는 형식이다. 이를 '제삼자 결제'라고도 부른다. 이러한 에스크로 서비스가 꽃을 피운 곳은 아직 신용 사회가 정착하지 못한 중국이다.

1990년대까지만 해도 중국은 금융 환경이 열악한 후발 개도국이었다. 사기 사건도 많았다. 그렇다 보니 돈을 먼저 보내고 물건을 나중에 받는 신용 거래는 상상하기 힘들었다. 어떻게 상대방을 믿을 수 있느냐는 것이었다. 신용카드조차 정착하지 못했다. 이러한 환경이 오히려 도움이 됐다. 에스크로 서비스가 시작되자 비로소 서민들의 온라인 거래가 늘어났다. 이로써 중국은 신용카드 사회를 건너뛰고 곧바로 모바일 결제 시대로 직행할 수 있었.

2003년 마윈이 이베이와 페이팔을 모방해 쇼핑몰 '타오바오'와 결제 시스템 '알리페이'를 만들었다. 금융 후진국 중국에서 신용 결제 시스템이 완성되자 자영업자들이 플랫폼에 몰려들기 시작했다. 이후 알리바바는 세계 최대 전자상거래 기업으로, 알리페이는 세계 최대 핀테크 기업으로 우뚝 서게 된다. 알리페이 성공 이후 위페이, 유니언페이, 라카라 등 제삼자 결제 서비스 기업이 생겨났고 중국은 세계 최대 핀테크 국가가 됐다.

미중 패권 전쟁 뒤에
유대 금융 세력이 있다

중국은 유대 금융 세력을 경계한다

중국은 미국과 패권전쟁 중이다. 중국인이 가장 경계하는 분야 중 하나가 유대 금융 세력의 중국 금융시장과 외환시장 공격이다. 그럼에도 중국은 금융시장 개방에 속도를 내고 있다. 글로벌 금융 시스템을 갖추기 위해서다.

중국은 금융시장을 개방하기 위해 2020년 적격 외국인 기관투자자에게 파생상품 거래를 허용했다. 2022년 9월에는 원자재, 곡물, 주가지수 옵션 등 41개 파생상품을 추가로 개방했다. 하지만 아직 중국은 외국인 기관투자자에게 주요 주식지수 관련 파생상품은 개방하지 않고 있다. 유대 금융 세력이 1990년 초 파생상품으로 일본 주식시장을 순식간에 망가뜨리는 것을 생생하게 보았기 때문이다.

당시 뉴욕 기관투자자는 닛케이지수에 터무니없는 버블이 끼었다고 보았다. 그들은 일본에서는 닛케이지수 상승에 베팅하는 파생상품을 주로 판 반면에 뉴욕과 런던에서는 하락에 베팅하는 파생상품을 많이 팔아 일거에 일본 주식시장을 폭락시켰다. 물론 자산시장의 버블이 폭락의 주원인이지만 폭락의 도화선에 불을 붙인 건 유대 금융 세력이었다. 이후 닛케이지수는 20년간 하염없이 추락했다. 1989년 말 3만 8,915에서 2009년 3월 7,054까지 주저앉았다.

미국의 대외정책과 중국과의 패권전쟁을 주도하는 국무장관, 국가정보국장, 재무장관, 대통령 비서실장 등이 모두 유대인이다. 중국이 미국 유대인의 동향에 촉각을 세울 수밖에 없는 이유다.

유대인들이 중국으로 몰려가기 시작하다

중국인과 유대인 간에는 애증의 역사가 흐른다. 1차 아편전쟁이 끝난 1842년 상하이 개항 때 인도에 살면서 중국과 거래하던 유대인 700여 명이 상하이로 건너왔다. 그들은 영국, 인도, 중국을 연결하는 삼각무역을 주도해 상하이의 국제화에 많이 기여하기도 했지만 인도산 아편을 수입해 중국을 해롭게도 했다. 당시 유대 기업을 이끈 대표적인 가문이 서순Sassoon가와 커두리Kadoorie가였다. 이후 1895년부터 10년간 러시아 유대인이 대박해(포그롬)와 공산혁명을 피해 만주를 거쳐 상하이로 몰려들었다. 1930년대 말 상하이의 유대인 수는 4,000명을 넘어섰고 유대 회당이 일곱 곳이나 됐다.

1930년대 중국 상하이 와이탄 전경. 중국과 유대인 사이에는 애증의 역사가 존재한다. 1842년 상하이 개항 때 인도에 살면서 중국과 거래하던 유대인 700여 명이 상하이로 건너왔다. 그들은 영국, 인도, 중국 사이의 삼각무역을 주도해 상하이의 국제화에 기여하기도 했지만 인도산 아편을 수입해 중국을 해롭게도 했다. 1930년대 말에는 상하이의 유대인 수가 4,000명을 넘어섰다.

중국은 아편전쟁에서 패배한 1842년부터 중화인민공화국이 건국된 1949년까지 107년간이 외세에 시달린 '치욕의 시기'였다. 이 기간에 일본도 대륙 침략에 가세했다. 만주를 놓고 일본과 러시아가 충돌했다. 이는 1905년 러일전쟁으로 비화했다. 이 전쟁에서 일본은 유대인에게 큰 도움을 받았다. 거의 패전 상황에서 군비 마련이 시급할 때 뉴욕의 유대인 금융가 야콥 시프Jacob Henry Schiff가 거액의 전쟁채권 판매를 선뜻 주도해 러일전쟁에서 승리할 수 있었다. 전쟁이 끝난 뒤 일왕이 야콥 시프를 초청해 최고 훈장을 수여하며 고마움을 전했다.

그래서인지 일본은 1930년대에 '유대 국가'를 만주에 건설하자는 국제적 제의를 했다. 일본은 유대 자본을 활용해 만주를 개발하

하얼빈 유대교회. 1910년 그림 엽서. 20세기 초 동북아의 국제도시였던 하얼빈에는 약 2만 명의 유대인이 살고 있었다.

고 이들을 통해 미국과의 관계를 개선하는 것도 염두에 두었다. 사실 그즈음 만주에는 러시아 출신 유대인이 많이 살고 있었다. 이들의 만주 이주는 크게 세 차례에 걸쳐 이루어졌다. 1900년대 초 러시아는 뤼순항을 점령하고 만주 개발을 위해 러시아인의 만주 이주를 독려했다. 그러자 반유대주의에 시달리던 러시아 유대인이 종교의 자유와 비즈니스 기회를 찾아 만주로 이주해왔다. 이후 1917년 러시아 공산혁명을 피해 온 유대인이 합세했다. 그 뒤 철도 건설 붐과 은행 개설로 유대인 숫자는 더 불어났다.

그 무렵 하얼빈은 대표적인 유대인 도시였다. 상업 지역의 80퍼센트가 유대인 소유였다고 한다. 하얼빈은 20세기 초 동북아의 대표적인 국제도시였다. 19개국의 영사관이 하얼빈에 들어와 있을 정도로 인종의 용광로였다. 당시 하얼빈의 외국인 인구는 도시 인구의 절반이 넘는 19만 명이었다. 이 중 2만 명이 유대인이었다. 에후드 올메르트 전 이스라엘 총리 가문이 하얼빈 출신이다.

그러나 정작 중국에 더 많은 유대인이 몰려온 건 히틀러 등장 이후였다. 1930년대 독일의 초인플레이션은 극심한 사회 혼란을 불러왔다. 이 틈을 타 1933년 나치 정권이 탄생했다. 히틀러는 아리안족의 순수성을 보존하기 위해서는 열등한 인종을 청소해야 한다는 망상을 갖고 있었다. 1935년 도입된 뉘른베르크법을 바탕으로 유대인에게 차별이 가해졌다. 1938년에는 반유대 폭력이 시작되었다. 1939년 독일의 폴란드 침공으로 제2차 세계대전이 발발하자 유대인을 가두는 게토가 다시 만들어지고 탄압이 더욱 거세졌다. 홀로코스트 직전에 음습한 기운이 유럽 대륙에 가득했다.

동양 영사들이 유대인들의 탈출을 도왔다

독일, 오스트리아, 폴란드 유대인은 탄압이 거세지자 탈출을 시도했으나 여의치 않았다. 갈 곳 잃은 유대인이 여기저기 떠돌아다니자 난민 문제가 발생했다. 1938년 7월 프랑스 에비앙에 32개국 대표들이 모여 유대인 난민 문제 처리를 협의했다. 유대인의 딱한 사정에 동정을 표하긴 했지만, 제2차 세계대전 직전 각국의 민감한 국제 관계와 국익 앞에 어느 나라도 선뜻 유대인 난민을 받아들이려고 하지 않았다. 회의는 소득 없이 끝났다. 히틀러는 이 소식을 듣고 자신의 유대인 탄압이 국제적으로 공인받았다며 고무됐다고 한다.

오스트리아 주재 중화민국 영사를 지낸 허펑산(왼쪽)과 리투아니아 주재 일본 영사를 지낸 스기하라 지우네

그 무렵 유대인에게 도움의 손길을 내민 건 오히려 동양 외교관들이었다. 당시 오스트리아 주재 중화민국(현재 대만) 영사관의 허펑산何鳳山 영사는 도움을 청한 유대인들을 외면하지 않았다. 유대인들이 가장 안전하게 갈 수 있는 상하이로 2~3개월 만에 거의 4,000명을 도피시켰다. 나치 정권은 영사관에 탄압을 가했다. 이에 허펑산은 근처 임대 아파트에서 비자 발행을 계속했다. 1940년 리투아니아 주재 일본 영사관의 스기하라 지우네杉原千畝 영사도 이웃 폴란드에서 피신해 온 유대인들에게 일본 통과 비자를 발급해 주어 수천 명의 유대인을 살렸다.

이렇게 해서 제2차 세계대전을 전후해 유럽에서 피란 온 2만여 명 등 약 2만 5,000명의 유대인이 상하이 일대에 거주했다. 어느 나라도 받아들이지 않은 유대 난민들을 중국은 받아들인 것이다. 1949년 중국에 공산정권이 들어서자 미국은 그제야 받아들여 중국 내 유대인은 미국과 이스라엘 등으로 떠났다. 지금 상하이에 사는 유대인은 2,000명 남짓이라 한다.

　이후 이스라엘 정부는 1969년 일본 영사에게 훈장을 수여해 고마움을 표했다. 또한 이스라엘 정부는 상하이시에 감사를 표하고 2000년에 '야드바샴(이스라엘을 도운 의인의 전당)'에 허펑산을 동양인 최초로 등록했다. 대만 정부도 2015년 이미 고인이 된 허펑산에게 최고 훈장을 수여했다. 그를 기리는 뮤지컬 「생명의 도장」이 2019년 대만 전 지역에서 공연됐다. 「생명의 도장」은 같은 해 11월 우리나라에서도 공연된 바 있다.

[더 읽을거리]

『성경』의 예언에 중국이 나오다

『성경』에 이런 이야기가 있다. "내가 나의 모든 산을 길로 삼고 나의 대로를 돋우리니 어떤 사람은 먼 곳에서, 어떤 사람은 북쪽과 서쪽에서, 어떤 사람은 시님 땅에서 오리라."(「이사야」 49장 11~12절)

「이사야」서의 언급은 유대인이 세계만방에서 고국으로 돌아올 것을 예언하는 메시지다. 여기서 시님 땅이 중국을 일컫는다고 이야기하는 『성경』 학자들이 있다.

시님을 중국으로 보는 데는 이유가 있다. 그리스 시대에는 중국을 '세리카serica'라 불렀다. 비단을 일컫는 '세르ser'에서 유래했다. 로마 시대 실크로드를 통해 들어오는 비단은 '세리카'에서 왔으며 해상을 통해 수입하는 비단은 '시나'에서 왔다고 했다. 훗날 역사학자들은 '시나China'는 진秦나라를 일컫는 말로 두 나라는 모두 중국이라고 보았다. 히브리어-영어 사전에도 차이나China를 '신sin'이라 하며 차이니즈Chinese를 '시니sini'라 한다.

인공지능 혁명 뒤에는
유대인 천재들의 숨은 노력이 있다

유대인 과학자들이 인공지능 혁명을 이끌다

유대인 천재 수학자 존 폰 노이만John von Neumann은 현대 컴퓨터의 구조를 설계한 사람으로 여겨진다. 이는 곧 멍텅구리 계산기에 인간의 뇌를 모방한 중앙처리장치CPU를 부착한 것이다. 이렇게 해서 탄생한 최초의 프로그램 내장 컴퓨터가 1950년에 제작된 '에드박EDVAC'이다. 그래서 현대 컴퓨터를 '노이만식 컴퓨터'라 부른다. 폰 노이만은 1932년에 아인슈타인과 함께 프린스턴 고등연구소 최초로 종신 교수가 됐다. 당시 그의 나이 29세였다. 그는 전공인 수학을 경제학과 물리학, 생물학에 접목해 새로운 이론들을 창시했다. '게임이론'을 창안한 경제학자이자 양자역학 발전에 공헌한 물리학자이자 인공 생명을 연구한 생물학자였다.

폰 노이만은 1949년 논문 「첨단 고등 장치의 이론과 구조」에서 사람과 같은 지능을 가진 기계를 만들 수 있다고 주장했다. '첨단

레이 커즈와일. 2006년 스탠퍼드대학교 싱귤래리티 서킷에서
(출처: 위키피디아)

고등 장치'란 컴퓨터와 로봇을 의미하며, 컴퓨터가 인간의 집단 지성을 뛰어넘는다는 '기술적 특이점'에 대해 1953년에 최초로 언급한 사람도 폰 노이만이다. 그는 골수암으로 투병하던 말년에 한 '인공지능과 인공 생명'에 관한 연구를 자신의 가장 큰 성과로 간주했다. 노이만은 마지막 책을 병원에서 집필하다 1957년 사망했다. 미완성 원고는 훗날 『컴퓨터와 뇌』라는 책으로 출판되었다.

레이 커즈와일Raymond Kurzweil은 1948년 뉴욕의 유대인 가정에서 태어나 어린 시절부터 발명가를 꿈꿨다. 그는 MIT에 진학해 인공지능 권위자 마빈 민스키 교수의 지도를 받았다. 커즈와일은 1982년 '커즈와일뮤직시스템스'를 설립해 세계 최초의 디지털 신시사이저를 개발했다. 이후 이 회사는 우리나라 영창뮤직에 인수되어 커즈와일이 영창의 기술고문을 맡기도 했다. 이 외에도 커즈와일은 회사 9개를 설립해 큰돈을 벌었다.

그는 1990년에 쓴 『지적 기계의 시대』를 통해 휴대폰 출현과 인터넷 유비쿼터스를 예측했고, 2005년 쓴 『특이점이 온다』에서는 "2029년에는 인간 수준의 지능을 갖춘 컴퓨터가 등장하며 2045년에는 기계가 인류를 넘어서는 '특이점'이 도래할 것"을 예측했다. 그런데 이러한 예측은 그가 생각했던 것보다 빨리 다가오고 있다.

구글 창업자 래리 페이지는 커즈와일에게 깊은 인상을 받았고 2012년 구글의 '머신러닝과 자연어 이해' 기술 이사로 스카웃했다. 이후 구글은 2014년 영국의 '딥마인드'를 인수해 알파고를 개발했다. 인공지능 기업 30개 이상을 인수해 세계 최고 수준의 인공지능 연구 인력을 확보했다. 커즈와일은 인공지능이 인간 능력을 향상할 도구라고 생각하지만 낙관론만 펼치는 것은 아니다. 만약의 경우에 대비해 발전 방향을 잡아줄 수 있는 인재를 키우기 위해 '싱귤래리티 대학'을 설립했다.

1964년에 태어난 요슈아 벤지오Yoshua Bengio도 유대인이다. 그는 딥러닝(심층학습)의 대부로 제프리 힌턴, 앤드루 응, 얀 르쾽과 함께 인공지능 4대 석학으로 불린다. 현재 몬트리올대학교 교수로 있으며 '몬트리올 학습 알고리즘 연구소MILA'를 설립해 이끌고 있다. 벤지오 연구팀은 2014년 '이미지 캡셔닝' 연구에 성공했다. 이미지를 입력하면 그 이미지를 글로 묘사하는 기술이다. 같은 해 그의 애제자 이언 굿펠로는 텍스트 내용을 그림으로 그려주는 기술의 원천 기술 적대적 생성 신경망을 개발했다. 2016년 그는 제자 이언 굿펠로, 에런 쿠빌과 함께 저서 『딥러닝』을 썼다.

2018년에는 제프리 힌턴, 얀 르쾽과 함께 '컴퓨터 과학의 노벨상'으로 불리는 튜링상을 공동 수상했다. 벤지오는 인공지능의 영향에 대해 우려하면서 미국 국방연구소와 중국 인민군 등에 무기에 인공지능을 이용하지 말라는 항의 편지를 쓴 것으로도 유명하다. 벤지오는 '삼성 인공지능 포럼'의 공동 의장이자 삼성 인공지능 교수로 삼성과 인연이 깊다. 이재용이 종종 인공지능 관련으로 그에게 자문을 구하고 있다. 삼성전자는 벤지오 교수와 합작으로 몬트리올에 인공지능 연구소를 만들어 인공지능 알고리즘을 개발하고 있다.

샘 올트먼Sam Altman은 1985년 시카고의 한 유대인 가정에서 태어났다. 그가 여덟 살 때 부모는 컴퓨터계의 페라리격인 매킨토시 컴퓨터를 사주었다. 이 컴퓨터가 그의 운명을 결정지었다. 2003년 스탠퍼드대학교 컴퓨터공학과에 입학해 2학년 때 중퇴하고 창업의 길로 들어섰다. 올트만은 사용자를 주변 사람들과 이어주는 SNS '루프트'를 창업했고 2012년에 매각한 후 세계 최고 벤처캐피털인 '와이콤비네이터'에 입사했다. 이후 올트만은 28세에 와이콤비네이터 대표로 발탁돼 2,000개가 넘는 스타트업에 투자하며 지원했다.

샘 올트먼이 챗GPT 개발을 주도하다

2015년 캘리포니아 멘로파크 행사에서 올트만의 '구글의 인공지능 독점 견제론'에 일론 머스크가 크게 공감했다. 이를 계기로 두

샘 올트먼

사람은 인류를 위한 비영리 연구소 오픈AI를 공동 창업하게 된다. 이러한 취지에 공감해 페이팔 마피아인 페이팔 설립자 피터 틸과 링크트인 창업자 리드 호프먼 등도 투자했다.

일론 머스크는 인공지능 발전이 인류에게 부정적일 수 있다는 우려를 표했다. 실제 이스라엘 기업이 2016년 인간의 명령 없이도 알아서 총을 발사하는 살상 로봇을 선보였다. 같은 해 러시아군도 인간의 개입 없이 적을 사살하는 킬러 로봇을 전선에 배치했다. 같은 해 구글, 페이스북, 아마존 등이 인공지능 관련 윤리 문제를 해결하고자 '파트너십 온 AI_{Partnership on AI}'라는 비영리 단체를 조직했다. 2017년에는 인공지능을 위험하다고 여기는 일론 머스크와 낙관적으로 보는 마크 저커버그 간에 논쟁이 이목을 끌었다. 이후 각국 정부와 IT 기업들이 '착한 인공지능'을 개발하자는 요지의 규

일론 머스크와 샘 올트먼은 인류를 위한 비영리 연구소 오픈AI를 공동 창업하게 된다.

정을 만드는 곳이 늘어났다. 이런 우려를 불식하고자 오픈AI는 설립 당시부터 특허와 연구 내용을 무료로 개방했다.

2018년 일론 머스크는 "테슬라가 AI를 개발하고 있어 비영리 기관인 오픈AI와 이해관계의 상충이 우려된다"라며 이사회를 탈퇴했다. 2019년 3월 올트만은 와이콤비네이터를 떠나 오픈AI에 집중했다. 같은 해 5월 자금난을 겪던 오픈AI는 방향 수정을 선언했다. "앞으로는 공익 목적을 우선하면서도 수익을 올리는 하이브리드 모델로 변화할 것"이라고 발표했다. 이후 마이크로소프트에서 10억 달러의 투자금을 유치해 2021년 텍스트를 이미지로 바꾸는 '달리DALL-E'를 출시했고, 2022년 11월 말 '챗GPT'를 공개했다. 올트만은 인공지능 이외에도 핵융합 기술에 관심이 많다. 그는 인류에게 초저가 전기를 공급하겠다는 꿈을 갖고 최근 소형 핵융합 발전기 개발 기업 헬리온에 3억 7,500만 달러를 투자했다.

아이러니하게도 마이크로소프트가 공개한 챗GPT가 개발된 배경에는 2017년 구글이 발표한 학습 모델 '트랜스포머Transformer' 기술이 있어 가능했다. 글의 맥락을 잡아내는 기술이다. 이렇듯 인공지능 분야는 협력과 경쟁이 공존하며 후발 주자가 선발 주자를 따라갈 수 있는 분야다. 우리 기업들의 선전이 기대되는 이유다.

[더 읽을거리]
인공지능 대전大戰이 시작되다

　오픈AI가 만든 대화형 인공지능 '챗GPT'를 공개한 지 두 달 만에 하루 1,000만 명, 월 1억 명이 사용하고 있다. 실로 놀라운 돌풍이다. 가장 당황한 경쟁 기업은 구글이다. 그간 '인공지능 윤리' 등을 의식해 공개를 꺼리다가 다급해졌다. 구글은 인공지능의 지식재산권 표절 문제가 해결되지 않았음에도 2023년 2월 8일 비슷한 서비스 '바드Bard'를 공개해 맞불을 놓았다.

　한편 마이크로소프트는 챗GPT 업그레이드 버전인 프로메테우스 모델을 기반으로 한 검색엔진 '빙Bing'을 2023년 2월 7일 공개해 구글의 맞대응을 김빠지게 만들었다. 동시에 이는 구글이 주도하는 검색엔진 시장에 대한 강력한 도전이 될 전망이다. 그 외 아마존, 애플, 메타, 중국 바이두, 우리나라 네이버, SKT, 삼성, LG 등도 인공지능 대전에 뛰어들었다. 네이버는 '서치GPT' 출시를, SKT는 '에이닷' 업그레이드를 발표했다. 이로써 인공지능 대전이 인류 발전에 기여할 것인지, 또는 위협이 될 것인지가 관심사로 떠올랐다. 인공지능 대전 뒤에는 이를 개발한 유대인 과학자들이 있다.

5장

[국가관]
하느님의 자녀로서 약속받은 땅으로 돌아간다

이스라엘 건국의 토대를 마련하다
(하임 바이츠만 이야기)

아세톤 개발로 제1차 세계대전 때 영국을 구하다

제1차 세계대전 당시 거의 모든 나라가 화약 원료로 칠레산 초석을 수입해 사용했다. 그러나 독일의 무제한 잠수함 작전으로 영국은 칠레로부터 초석을 들여오지 못하게 되면서 비상이 걸렸다. 이제 화약과 포탄을 만들 수 없으니 꼼짝없이 전쟁에 지게 된 것이다. 초석 없이 화약을 만드는 방법이 있기는 했다. 아세톤이 있으면 만들 수 있었다. 그러나 당시에 아세톤은 쿠바에서 설탕을 만들고 난 사탕수수 찌꺼기를 발효해 만들었기 때문에 그 원료조차 얻기 어려웠다. 궁여지책으로 밤나무 등을 밀폐 용기에 넣고 끓여서 그 증기를 모아 아세톤을 만들었다. 그런데 이런 방법으로 얻을 수 있는 아세톤 양이 너무 적었고 나무도 무한정 베어낼 수 없었다. 독일의 무제한 잠수함 작전 때문에 목재 수입도 어려웠다.

이때 영국을 구한 이가 유대인 생화학자 하임 바이츠만Chaim Weitzman

1921년 4월 시오니스트 운동 기금 마련 활동을 위해 뉴욕에 도착한 하임 바이츠만(오른쪽에서 둘째)이 알베르트 아인슈타인(왼쪽에서 둘째), 벤-시온 모신슨(맨 왼쪽), 메나켐 유시슈킨 등 동지들과 함께 카메라 앞에 섰다. 제1차 세계대전에 휘말린 영국에 결정적 도움을 주며 밸푸어 선언의 초석을 다진 바이츠만은 1948년 건국한 이스라엘의 초대 대통령에 취임하며 지금까지 국부로 추앙받고 있다.
(출처: 위키피디아)

이다. 1915년 군수부 장관 데이비드 로이드 조지로부터 연구 의뢰를 받은 그는 산소 없이도 증식하는 미생물을 이용해 녹말에서 아세톤과 부탄올을 대량생산하는 기술을 개발해 3만 톤의 아세톤을 생산함으로써 영국을 위기에서 구했다. 이 공로로 로이드 조지는 이듬해 수상 자리에 올랐으며 바이츠만은 일약 영국인의 영웅이 됐다.

바이츠만 공정으로 합성 생물학 시대를 열다

1874년 러시아 서부의 촌락에서 열다섯 명 중 셋째로 태어난 하임 바이츠만은 고등학교 졸업 후 독일로 떠나 베를린공과대학교에서 화학을 전공했다. 그는 지도교수가 1897년 스위스 프리부르대학교로 옮겨가자 따라가 유기화학 박사 과정을 계속했다. 이듬해 그는 스위스 바젤에서 열린 제2차 시오니즘 회의에 참석했다. 그는 팔레스타인에 유대 국가를 건설하기 전에 교육기관부터 설립하는 게 순서라고 생각했다. 바이츠만은 1901년 스물일곱 살에 스위스 제네바대학교 조교수로 임용됐다. 그는 그해에 열린 제5차 시오니즘 회의에서 팔레스타인에 고등교육기관을 먼저 설립하자며 특히 이공계 대학의 필요성을 강조하는 문서를 제출했다. 바이츠만의 아이디어가 나중에 테크니온공과대학교의 기초가 됐다. 그는 1904년에 영국으로 건너가 맨체스터대학교 화학과 교수가 됐다.

이후 바이츠만은 110개에 달하는 특허를 취득할 정도로 연구에 연구를 거듭했다. 1910년 설탕을 인조고무의 원료로 변화시킬 수 있는 박테리아를 찾고 있었다. 이 과정에서 우연히 설탕을 아세톤으로 바꾸는 박테리아 '클로스트리듐 아세토부틸리쿰'을 발견했다. 그는 박테리아 발효를 통해 아세톤, 부탄올, 에탄올을 생산하는 기술을 개발했다. 이 '바이츠만 공정' 기술 덕분에 아미노산, 비타민, 항생제 등을 대량생산하는 발효산업이 성장했다. 이는 기존 화학적 합성으로 생산하던 물질을 생물학적 방법으로 생산하는 합성 생물학 시대를 열었다. 이후 유전자의 유전정보를 바탕으로 생명현상 자체를 인간의 힘으로 합성하는 방향으로 빠르게 발전했다.

이스라엘 초대 대통령 바이츠만

바이츠만이 생명공학의 아버지로 불리는 이유다.

　로이드 조지 총리는 바이츠만에게 적절한 보상으로 보답하려 했다. 그러나 바이츠만은 개인적 보상 대신 팔레스타인 지역에 유대 국가 건설을 지원해달라고 요청했다. 수상은 바이츠만이 제안한 문제를 외무부 장관 아서 밸푸어와 의논했다. 마침 밸푸어도 라이어널 로스차일드로부터 이 문제를 집요하게 요청받고 있었다. 이렇게 하여 마침내 1917년 '밸푸어 선언'을 끌어냈다. 영국 외무장관이 팔레스타인에 유대 국가 건설을 지지한다고 선언한 것이다.

　영국의 밸푸어 선언이 나오자마자 유대인이 제일 먼저 한 일은 예루살렘과 하이파에 각각 대학을 세운 것이었다. 이스라엘이 건국되기 무려 30년 전의 일이다. 제1차 세계대전이 끝난 직후인 1918년에 전쟁의 폐허로 인구도 몇 안 되는 황량한 예루살렘과 하이파에 미래를 내다보고 히브리대학교와 테크니온공과대학교를 세운 것이다. 당시 팔레스타인 내 유대인 인구는 고작 5만 6,000명이었다. 유대인은 대학이 먼저 만들어져야 산업을 발전시킬 수 있고 그래야 국가도 세울 수 있다고 믿었다. 그들은 히브리대학교와 테크니온공과대학교를 세움으로써 국가 건설 의지를 만천하에 공표했다. 이는 세계 각국 유대인에게 팔레스타인에 유대 국가가 건설되어야 한다는 시오니즘 운동의 강렬한 불씨가 되었다.

1920년 시온주의기구 의장이 된 바이츠만은 아인슈타인과 함께 전 세계 유대인 디아스포라를 돌며 대학 설립 기금을 모금했다. 히브리대학교는 처음에는 연구기관으로 시작해 1923년부터 아인슈타인과 프로이트 등이 이곳에서 가르쳤다. 아인슈타인은 최초로 히브리어로 강의했다. 1925년 캠퍼스가 완공되어 화학, 미생물학, 유대민족을 연구하는 3개 연구기관으로 정식 개교했다. 개교식에는 밸푸어 외무장관 등 영국의 고위 인사들도 참석했다. 그 뒤 히브리대학교는 네 곳에 캠퍼스를 두고 아인슈타인을 포함해 노벨상 수상자 여덟 명과 총리 네 명을 배출한 명문으로 성장했다. 또한 아인슈타인이 설립을 주도한 테크니온공과대학교는 1924년에 개교해 네 차례 중동전쟁 기간 동안 무기 개발에 결정적인 역할을 했다. 이후 이스라엘이 창업 국가로 발전하는 데도 크게 공헌했을 뿐만 아니라 하이테크산업을 선도하고 있다.

1949년 이스라엘에서 비행기 앞에 있는 바이츠만 (출처: 위키피디아)

바이츠만은 과학이야말로 장래 이스라엘에 평화와 번영을 가져다줄 수단으로 보았다. "나는 과학이 평화와 젊음을 모두 이 땅에 가져와서 새로운 영적, 물질적 삶의 샘을 만들어낼 것이라고 확신한다."

그는 과학 연구에 헌신하기 위해 1934년 예루살렘에서 53킬로미터 떨어진 레호보트에 연구소를 설립하고 주로 유기화학 분야를 연구했다. 그 후 연구 분야를 넓혀 1954년에는 세계 최초의 컴퓨터 중 하나인 '와이작WEIZAC'을 제작했다. 1958년에는 연구소 내 파인버그대학원을 설립해 이스라엘 최초로 컴퓨터과학을 가르쳤다. 이때부터 컴퓨터와 위성으로 제어되는 무인항공기와 미사일방어체제 아이언돔 개발의 토대가 마련됐다. 오늘날 바이츠만연구소는 화학, 물리, 컴퓨터과학, 생물학, 수학 등 5개 기초과학 분야를 집중적으로 연구하고 있으며 특히 바이오산업 분야에 강하다.

박테리아를 이용해서 생명공학을 발전시키다

1948년 5월 이스라엘이 건국됐고 1949년 의회에서 초대 대통령으로 바이츠만이 선출됐다. 1952년 73세의 아인슈타인은 이스라엘의 2대 대통령이 돼달라는 제안을 받았다. 다음과 같이 답신을 보냈다.

"내 조국 이스라엘로부터 이 제안을 받고 깊은 감동을 느낌과 동시에 이 제안을 받아들일 수 없다는 사실에 슬픔과 부끄러움을 느낍니다. 나는 지금까지 줄곧 객관적인 문제만을 다루어왔습니다. 따라서 사람을 적절히 다루고 공적인 직무를 수행해 나갈 타고난 재능과 경험이 모두 부족합니다."라며 사양했다.

이스라엘 대통령 자리가 공석이 된 건 초대 대통령 바이츠만이 재임 3년 만에 78세로 사망했기 때문이다. 과학이야말로 평화와 번영을 가져다줄 것이라는 바이츠만의 믿음이 오늘날의 과학 강국 이스라엘을 만들었다.

[더 읽을거리]
유대인 박해가 시온주의로 이어지다

1880년대 러시아에는 전 세계 유대인 인구의 절반에 해당하는 약 500만 명의 유대인이 살고 있었다. 1881년 러시아에서 알렉산드르 2세의 암살 사건을 계기로 대대적인 유대인 박해와 학살이 자행됐다. 이후 매년 5만여 명의 유대인이 러시아를 탈출해 프랑스, 독일, 미국 등으로 향했다. 특히 자유, 평등, 박애를 외치는 프랑스에는 12만 명의 유대인이 몰려들었다. 그러나 프랑스에서 '드레퓌스 사건'이 발생했다. 무고한 유대인을 상대로 한 간첩 조작 사건이었다.

알렉산드르 2세 추모식

당시 헝가리 태생 유대인인 테오도르 헤르츨이 빈의 일간지 「신자유신문」 파리 특파원으로 일하고 있었다. 한때 그는 유대인은 기독교로 개종해 유럽 사회에 완전히 동화 흡수돼야 한다고 믿었다. 그러나 1894년의 드레퓌스 사건을 목도한 헤르츨은 1896년 저서 『유대 국가』에서 유대인 문제는 오직 유대민족 국가 창건으로만 해결될 수 있다는 주장을 펼쳤다. 시온주의의 태동이었다. 이듬해인 1897년 스위스 바젤에서 제1차 시오니즘 대회가 열렸다.

이스라엘을 사회주의에서
자본주의 국가로 변신시키다
(시몬 페레스 이야기)

유대교를 기초로 유대 정치 체제의 국가를 건설하다

이스라엘 초대 총리 다비드 벤구리온David Ben-Gurion은 네게브 사막의 키부츠를 이끄는 청년 리더 시몬 페레스Shimon Peres를 눈여겨보았다. 그는 시몬에게 1년만 도와달라고 청했다. 그런데 그는 무려 20년 동안 시몬을 가까이에 잡아두며 의지했다. 그런 벤구리온에게 사람들이 물었다. "왜 그 청년을 그토록 믿지요?" 그의 대답은 항상 같았다. "세 가지 이유가 있지. 그 청년은 거짓말을 하지 않아. 그 청년은 다른 사람 흉을 보지 않아. 그리고 그 청년은 내 방에 올 때마다 거의 매번 새로운 아이디어를 갖고 찾아와."

그랬다. 시몬 페레스는 70년 정치 인생에서 어려움을 만날 때마다 진실을 앞세워 정면 돌파했고, 정적에 대해 네거티브 전략을 펴지 않았고, 평생 새로운 아이디어와 원대한 꿈을 갖고 도전하는 삶을 살았다. 이런 기질은 어렸을 때 형성됐다. 그의 아버지는 가정을 활기차게 이끄는 목재상이었으며 어머니는 문학을 사랑하는 도서관 사서였다. 어머니는 도서관 책을 빌려 와 시몬과 함께 읽으며 토론을 즐겼다. 시몬은 어머니에게 지지 않으려 책을 열심히 읽었고 토론에 대비해 다양한 관점으로 바라보았다. 외할아버지는 공동체 지도자인 랍비였다. 그는 시몬에게 『토라』와 유대 역사를 가르쳤다. 덕분에 시몬은 어려서부터 독실한 유대교인이 됐고 유대 민족의 앞날에 관심이 많았다. 게다가 그가 살았던 폴란드 변방 유대인 마을에는 가족 같은 공동체 의식이 있었다. 시몬의 어릴 적 꿈은 시인이었다.

1934년 열한 살 시몬이 고향을 떠나 텔아비브로 이주할 때 할아버지와 어떤 경우에도 유대인으로 남겠다고 약속했다. 몇 년 후에 나치군이 유대인 마을에 쳐들어와 할아버지와 마을 사람들을 시나고그에 몰아넣고 산 채로 불태웠다. 시몬은 어려움에 직면할 때마다 할아버지와 한 약속을 되살렸다. 고등학생 때 청소년 운동 단체에 가입했으며 열다섯 살 때 청년 지도자를 양성하는 벤쉐멘농업학교의 장학생으로 뽑혀 전학을 갔다. 그곳에서 낮에 배우고 농사 짓고 군사 훈련을 받았다. 밤에는 총을 들고 보초를 서며 때때로 쳐들어오는 아랍인과 맞서 싸웠다. 그곳 마을에서 평생 반려자인 소냐를 만났다. 당시 시몬은 신기술 농사법을 배워 팔레스타인 땅의 60퍼센트인 네게브 사막을 농토로 바꾸는 일이 자기 사명이라 여겼다.

그 무렵 학생들은 유대 국가의 정치 체제에 대해 두 파로 나뉘었다. 시몬은 유대 국가를 소련식 공산주의 국가로 만들어야 한다는

1950년대 키부츠 모습. 유대인은 1948년 건국 선포 뒤 대외적으로는 주변 아랍국들의 침공을 막아내며 국가 안보를 유지했고, 대내적으로는 황량한 국토를 녹화하면서 나라의 기틀을 다져갔다. (출처: 위키피디아)

스탈린주의자들과 토론하면서 유대 국가는 유대교를 기초로 유대 민족 특유의 정치 체제로 만들어야 한다는 견해로 설득했다. 그는 토론을 통해 다른 사람을 설득한다는 것이 얼마나 귀하고 영향력 있는 행동인지를 깨달았다. 시몬은 연설 능력과 조직력을 인정받아 청소년 운동 리더로 부상했다. 이때부터 벤구리온은 시몬을 눈여겨보았다.

1941년 벤쉐멘농업학교를 졸업한 후 시몬은 게바 키부츠(집단농장)에 파견돼 농사와 청소년 운동을 이끄는 일을 병행했다. 이후 시몬은 몇몇 동지와 함께 알루못에 새로운 키부츠를 만들었다. 그곳에서 시몬은 광야에서 양 떼를 돌보는 일을 맡았는데 값진 경험이 됐다. 시몬은 목자 처지가 아니라 양의 처지에서 생각하고 양 떼와 소통해야 효율적으로 관리할 수 있음을 깨달았다. 이는 인간 관계에서도 마찬가지였다.

그 뒤 시몬은 알루못 키부츠의 책임자가 돼 1945년 소냐와 결혼했다. 당시 벤구리온은 시몬에게 키부츠에서 빠져나와 청소년 운동에 전념하며 자기를 도와달라고 부탁했다. 당시 유대인은 이스라엘 건국 방안에 대해 두 파로 나뉘어 있었다. 싸워서라도 옛 영토를 전부 찾아 '온전한 이스라엘'을 건국하자는 강경파와 현실적으로 건국 시도부터 실패하지 않도록 유엔이 추진하는 '아랍과 유대 국가 분할 건국' 안을 받아들이자는 현실파가 그것이다. 1945년 시몬은 텔아비브에 있는 청소년 운동 본부로 옮겨가 전국 청소년 지부를 돌아다니며 벤구리온과 자신이 주장하는 '이스라엘 분할 국가 건국' 안에 대한 지지를 끌어내어 전당대회에서 사무총장에 당선됐다.

1947년 5월 24세에 시몬은 벤구리온의 요청으로 지하 유대인 군대 '하가나'에서 복무하는 군인이 됐다. 벤구리온은 시몬에게 이스라엘을 건국하면 필연적으로 아랍 국가들과 전쟁이 일어날 텐데 무기를 최대한 빨리 은밀히 준비하라는 특명을 내렸다. 당시 소련은 아랍 국가들에 무기를 팔았지만 서방 국가들은 중동에서 전쟁을 원치 않아 이스라엘에 무기 수출을 금지하고 있었다. 시몬은 유대 국가를 지키는 유일한 길은 금수조치를 피해 해외에서 무기를 구입해 몰래 들여오는 것뿐이라고 판단했다. 그는 여권을 위조해 비밀리에 전 세계 디아스포라(유대인 공동체)를 돌며 무기상들을 접촉했다. 시몬은 해외에서 무기를 구입한 뒤 분해해 몰래 팔레스타인에 보내 다시 조립했다. 무기 구입 자금도 해외 유대인 공동체를 접촉해 마련하는 경우가 많았다. 그러던 중 체코슬로바키아와 연결되어 6개월 만에 상당량의 무기를 비축할 수 있었다.

자주국방과 위성 강국의 기틀을 마련하다

1947년 11월 유엔에서 두 국가 분할 건국 결의안이 통과됐다. 유대인은 환호했고 아랍인은 분노에 휩싸였다. 이듬해 5월 14일 영국군이 팔레스타인에서 철수하자 같은 날 벤구리온은 기습적으로 이스라엘 건국을 선포했다. 건국 당시 유대인 인구는 80만 명이었다. 예상대로 다음 날 사방에서 시리아, 이집트, 요르단, 이라크 군대가 쳐들어왔다. 비축해 둔 무기 덕분에 어렵게나마 방어해낼 수

1948년 이스라엘 건국 선언. 그 후 이집트, 요르단, 시리아, 이라크 등 주변 국가들의 침공으로 전쟁이 벌어졌다. 당시 이스라엘군의 상황은 매우 열악했지만 독립을 준비하며 은밀하게 무기를 들여와 비축하고 유대인들이 앞다퉈 전장으로 달려가는 등 빼어난 전략과 사기로 맞섰다. 이 전쟁에서 이스라엘은 끝내 승리를 거뒀다.
(출처: 위키피디아)

있었으며 전쟁 중에도 무기 수입은 계속됐다. 전쟁이 터지자 유대 이민자들이 팔레스타인으로 몰려들었다. 전쟁 시작 무렵 이스라엘 군인은 3만 5,000명이었으나 이듬해 끝날 무렵 세 배로 불어 10만 명이 됐다. 새 이민자들이 입대했고 해외 유대인들이 신생 조국을 지키려 많이 자원입대했기 때문이다.

1차 전쟁이 끝난 뒤 시몬은 앞으로 큰일을 하려면 미국에 가서 제대로 공부해야겠다고 생각했다. 그는 벤구리온에게 미국 유학 의사를 밝혔다. 벤구리온은 흔쾌히 허락했다. 시몬은 뉴욕 야간대학에 다니며 낮에는 무기 거래 암시장에 뛰어들어 뒤이을 전쟁에 대비했다. 콜롬비아에서 영국제 구축함 두 척을 사들였고 미국에서 탱크와 비행기를 구입해 분해한 뒤 이스라엘로 보내 재조립했다. 시몬을 돕는 미국 내 유대인들이 캘리포니아 외진 곳에 비행기 비밀 격납고 겸 정비 공장을 만들어 밀수출을 도왔다. 아예 그들은 폐기된 비행기 부품을 사들여 비행기를 대량으로 제작했다. 시험 비행을 마친 비행기는 다시 분해해 이스라엘로 보내 재조립했다. 어떤 때는 영화를 촬영하는 것처럼 위장해 비행기를 이륙시켜 그대로 이스라엘로 날려 보냈다.

이후 시몬과 그들은 야심 찬 계획에 착수했다. 비행기 제작 공장을 아예 이스라엘에 건설하기로 했다. 이런 가운데서도 시몬은 공부를 계속하여 하버드 경영대학원까지 마치고 귀국해 1953년 국방부 장관이 됐다. 우여곡절 끝에 캘리포니아 비행기 제작회사가 1954년 이스라엘로 옮겨와 베덱항공을 설립해 비행기를 자체 생산할 수 있게 됐다. 자주 국방의 첫걸음이었다. 1959년 6일 전쟁 때는 프랑스 전투기를 복제해 이스라엘 기술로 만든 전투기들이 출격했다. 그 뒤 베덱항공은 이스라엘항공우주산업IAI으로 사명을 바꾸고 확대되어 이스라엘을 위성 강국으로 만들었다. 이후 위성 산업은 미사일방어체제 아이언돔을 탄생시켰다.

전쟁에서 이기는 것보다 막는 것이 중요하다

시몬 페레스는 이집트가 이스라엘을 침공하기 위해 1955년 체코슬로바키아와 소련으로부터 대량의 무기를 구입한 사실을 알았다. 시몬은 무기 조달 책임자로서 조국을 방어하기 위해 서방 세계의 대이스라엘 무기 수출 금지에 맞서 필사적으로 군사 동맹국을 찾아 나섰다. 그는 당시 알제리와 전쟁 중인 프랑스를 눈여겨보았다. 프랑스는 알제리를 지원하는 이집트와 반목 관계였기 때문에 서로 말이 통할 수 있다고 본 것이다.

시몬은 혼자 프랑스로 날아가 집권당 인사들과 야당 대표를 만나 도와달라고 간청했다. 당시 프랑스는 서방 세계의 대이스라엘 무기 수출 금지에 합의한 상태라 공개적으로 이스라엘을 도울 수는 없었다. 하지만 시몬은 프랑스 수뇌부의 마음을 움직여 결국 비밀리에 프랑스 무기 구입에 성공했다. 이집트가 1956년 7월 프랑스와 영국이 관리하는 수에즈운하의 국유화를 전격 선언하고 점령해 버려 전운이 감돌았다. 이스라엘은 선제공격으로 이집트와 2차 중동전쟁을 치러 승리했다.

시몬은 전쟁에서 이기는 게 능사가 아니라 원천적으로 막는 게 더 중요하다고 생각했다. 그러기 위해서는 이스라엘이 절대적 군사 강국이 돼야 했다. 그는 어렵게 프랑스와 원자력 기술 도입 협상에 성공했다. 그러나 막상 이스라엘 각료들이 모두 이 계획이 재앙을 불러올 수 있다며 반대해 예산 지원을 받을 수 없었다. 시몬은 혼자서라도 원전을 짓겠다는 각오로 미국에서 공부할 때 쌓은 유대계 인맥을 활용해 일단 건설 자금의 절반을 마련했다. 그리고

1994년 12월 10일 노르웨이에서 열린 노벨 평화상 시상식에 수상자로 참석한 시몬 페레스 당시 이스라엘 외무장관(가운데)이 공동 수상자인 야세르 아라파트 팔레스타인해방기구 의장(왼쪽)과 이츠하크 라빈 당시 이스라엘 총리와 함께 나란히 서서 메달과 수상증서를 내보이고 있다. 페레스는 이스라엘의 군사력을 일취월장시킨 뒤 평화 정착에 주력했고 주변의 반대를 무릅쓰고 1993년 오슬로 평화협정 체결에 앞장섰다.
(출처: 위키피디아 이스라엘 정부 공보실GPO)

과학자들로 팀을 꾸려 일을 밀어붙여 1963년 민간 자본으로 '시몬 페레스 네게브 원자력연구센터(디모나 원전)'라는 이름으로 원전을 완공했다. 마침내 이스라엘은 원전과 핵기술 보유국이 됐다. 원전은 강우량이 워낙 모자라 바닷물을 민물로 바꿔 농사짓고 식수로 쓰는 해수 담수화 공장의 전력 공급원이 됐다. 그 뒤 외형적으로는 핵 보유 여부를 시인도 부인도 하지 않는 '핵 모호성'을 유지하며 '전쟁 억제력'을 확보했다.

1963년 시몬은 바이츠만연구소가 만든 컴퓨터를 보고 이 놀라운 기계가 군대에 꼭 필요하다고 확신했다. 며칠간 달라붙어 컴퓨터 기술자들로부터 작동법과 쓰임새에 대해 배웠다. 군부는 컴퓨

1985년 총리로 재직 중이던 시몬 페레스가 전투기 격납고로 시찰을 나와 조종석에 직접 탑승해 설명을 듣고 있다. (출처: 페레스센터)

터 도입에 반대했다. 장군들은 도대체 컴퓨터로 무얼 할 수 있는지 이해하지 못했다. 시몬은 컴퓨터를 처음에는 전투 준비를 향상하는 데 썼으며 얼마 지나지 않아 첨단 무기체계를 개발하는 데 요긴하게 사용했다. 1973년 4차 중동전쟁이 끝나자 이제 재래식 무기는 현대전에 더 이상 합당치 않다는 사실을 군부도 알게 됐다.

이스라엘군에 중앙 컴퓨터 처리부대 '맘람'이 창설됐고 정보부대 '8200'은 사이버 보안부대로 특화됐다. 그리고 1979년 영재들을 모아 IT 장교로 탈바꿈시키는 '탈피오트'가 창설됐다. 이후 컴퓨터와 인터넷과 위성으로 운용되는 드론, 무인항공기, 그리고 미사일방어체계 아이언돔이 이스라엘군의 주력 무기체계가 됐다. 그 결과 이스라엘 스타트업들은 주로 IT와 방산 분야에 근무했던 군인들이 전역 후 창업한 사례가 대부분이다. 그만큼 군대의 수준 높은 IT와 방산 기술이 이스라엘 하이테크산업의 원천이다.

이스라엘의 경제 체제와 체질을 전면적으로 개혁하다

1948년에 건국된 이스라엘은 탄생 자체가 집단농장(키부츠) 중심의 사회주의 국가로 출발했다. 유대인은 고대로부터 '능력껏 벌어 필요에 따라 나누어 쓴다'는 사상을 갖고 살았다. 이는 2,000년 넘게 디아스포라 방랑 생활에서 살아남기 위한 공동체의 생활 수칙이었다. 이러한 사상을 이어받아 설립된 이스라엘의 키부츠는 생산시설의 공유와 배급 생활로 이루어졌다. 공산주의 방식에 가까웠다. 정부 역시 사회주의 계획경제의 주도자이자 통화정책 결정자였다. 1980년대 들어 세계화 물결 속에 글로벌 경제에 편입되자 더 이상 계획경제가 먹혀들지 않았다. 시몬이 총리가 되던 해인 1984년 인플레이션이 무려 400퍼센트까지 치솟았다.

시몬은 이스라엘의 경제 체제와 체질을 전면 개혁해야겠다고 결심했다. 우선 급한 불을 끄기 위해 미국으로 날아가 대규모 차관을 끌어왔다. 이후 사회주의에 자본주의를 접목하기 위해 시장경제를 도입해 대규모 구조조정 계획을 수립했다. 특히 노동당 당수인 시몬은 자신의 지지 기반인 노동자들에게 임금 동결 등 큰 고통 분담을 요구했다. 노사 양측의 반발이 컸다. 시몬은 노동조합, 고용주연

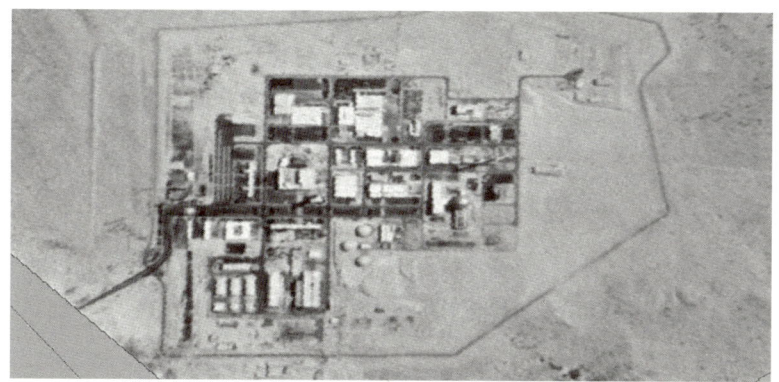

시몬 페레스 네게브 원자력 연구 센터. 디모나 원전이라고도 불린다. 이스라엘 네게브 사막에 있는 도시 디모나에 세워진 원전. 시몬 페레스가 전쟁 억제력을 확보하기 위해 도입하여 건설에 앞장선 원전은 이스라엘의 강력한 국방력과 첨단 산업의 상징이 되었다.
(출처: 위키피디아)

합, 경제학자들과 재무장관을 불러모아 '노사정 위원회'를 만들어 협상을 계속했다.

그는 정부가 먼저 뼈를 깎는 솔선수범을 보여야겠다고 판단했다. 비상국무회의를 소집해 '24시간 끝장 토론'으로 각 부처 예산을 삭감한 '경제 회생계획'을 통과시켰다. 하지만 노동조합이 물러서지 않았다. 시몬은 이들과 2주간 협상 끝에 마침내 노사정 합의를 끌어냈다. 이후 1985년 말 인플레이션은 기적처럼 1.5퍼센트로 떨어졌다. 지도자의 집념과 헌신이 얼마나 중요한지, 진정한 리더십이 무엇인지를 일깨워준 역사적 업적이었다.

이스라엘을 창업 천국으로 만들다

이스라엘은 인구 934만으로 경상도 크기에 석유도 자원도 거의 없는 나라다. 그러기에 눈을 밖으로 돌려 세계 시장을 겨냥한 창업이 매우 중요했다. 시몬은 이스라엘을 창업 천국으로 만드는 데 힘을 쏟았다. 그는 군대의 IT와 방산 기술을 활용해 특유의 '군산학' 연계 모델을 만들어냈다. 그 뒤 벤처캐피털 제도를 만들어야겠다고 생각했다.

1992년 외무장관 시절 주요국들을 방문하여 투자 유치를 했다. 특히 벤처투자 유치에 열을 올려 세계 유명 벤처펀드들이 이스라엘에 사무소를 열기 시작했다. 이듬해 정부는 창업 지원 프로그램 '요즈마 펀드'를 만들었다. 이른바 모태펀드Fund of funds다. 요즈마 펀드가 외국 벤처펀드들에 투자하고 이들이 이스라엘 벤처기업들에 투자하는 방식으로 실질적인 투자 금액을 10배 이상으로 늘렸다. 이로써 벤처캐피털 황무지였던 이스라엘에 벤처캐피털 혁명을 일으켰다. 정부는 '청년들이여 도전하라, 책임은 정부가 진다'는 자세로 창업을 지원했다.

2007년 대통령에 선출된 시몬은 재임 8년 동안 젊은이들에게 창의와 상상력을 갖고 창업에 도전하도록 꿈을 심어주었다. 그 결과 대학 졸업생 40퍼센트가 창업에 도전해 1인당 창업 비율이 세계 1위다. 7,000개가 넘는 스타트업이 활동 중이며 기업가치 1조 원이 넘는 유니콘만 30개다. 400여 글로벌 대기업의 연구개발R&D 센터가 들어와 스타트업을 사냥하고 있다. 나스닥에 상장된 이스라엘 스타트업 수는 100여 개로 미국과 중국에 이어 3위다. 글로벌 대기업 하나 없이 1인당 국내총생산GDP이 5만 5,000달러(국제통화기금IMF 2022년 기준)가 넘는 강소국이 됐다.

시몬은 "인생의 참된 교훈은, 삶은 너무나 짧기 때문에 비관주의나 환멸이나 분노에 시간을 낭비해서는 안 된다는 것이다. 인생은 그처럼 짧은 것이니 그것을 가시로 보지 말고 꽃인 양 바라보라. 거기에는 맛과 향기와 형태가 있다. 나는 삶이 언제나 나를 혹독하게 다룬다는 것을 알지만 그래도 감사할 뿐 불평하지 않는다."라는 말을 남겼다. 그는 많은 위대한 업적을 남겼음에도 "유일하게 후회하는 것은 더 큰 꿈을 꾸지 않았던 것"이라고 말년에 회고했다.

[더 읽을거리]
오늘날의 이스라엘을 만들다

시몬 페레스는 22세 때 다비드 벤구리온의 보좌관으로 정치에 입문해 70여 년 동안 국가 건설에 앞장섰다. 그 사이 장관만 열 번을 했다. 총리도 1970, 1980, 1990년대 한 차례씩 세 번을 지냈다. 그는 이스라엘을 군사적 강국으로 만들었으며 군대에 컴퓨터와 위성을 도입해 현대전의 판도를 바꿨다.

그리고 이스라엘을 사회주의 국가에서 자본주의 국가로 변신시켰다. 이어 이스라엘을 창업 국가로 만들었으며 일생을 테러 위협에 시달리면서도 아라파트와 오슬로 평화협정을 체결하여 1994년 노벨 평화상을 받았다. 말년에는 의회에서 대통령으로 추대돼 92세까지 8년간 일했다. 93세에 젊은이들을 위해 쓴 회고록을 탈고한 후 일주일 뒤에 영면했다.

오슬로 평화협정에 사인하는 모습 (출처: 위키피디아)

아라파트와 오슬로 평화협정을 체결하다

1996년 당시 이스라엘 외무장관이었던 시몬은 빌 클린턴 당시 미국 대통령이 지켜보는 가운데 백악관 경내에서 '팔레스타인 잠정 자치 확대에 관한 원칙 선언'에 서명했다. 서명식에는 야세르 아라파트 팔레스타인해방기구PLO 의장과 이츠하크 라빈 당시 이스라엘 총리가 함께했다.

강경파였던 시몬이 핵기술을 보유한 이후 궁극적으로 원한 것은 평화였다. 팔레스타인의 아라파트를 포함한 아랍권과 협상을 통해 영구히 적대관계를 청산하는 것이었다. 시몬은 온갖 반대를 무릅쓰고 1993년 오슬로 협정을 끌어내 평화를 정착시키고 이듬해 노벨 평화상을 수상했다. 하지만 국내 극우파에 의해 라빈 총리가 암살당하고 시몬 역시 암살 위협에 시달려야 했다. 지금은 비록 극우파에 의해 이스라엘과 팔레스타인 자치정부PA를 포함한 아랍권이

1996년 4월 백악관에서 클린턴 대통령과 (출처: 위키피디아)

다시 적대관계로 바뀌었다. 하지만 중동 지역의 영원한 평화를 추구했던 시몬 페레스의 정신은 높이 평가받을 만하다.

대학이 아닌 군대에서
컴퓨터를 가르친다

대박해 때문에 시오니즘 운동이 시작되다

1881년 3월 러시아 황제가 암살됐다. 그런데 유대인 처녀가 암살자들에게 자기 집을 모임 장소로 제공했다는 사실이 밝혀졌다. 러시아는 이듬해 반유대법을 공포해 수십만 명의 유대인을 일정 지역과 게토에 갇혀 살게 했다. 우크라이나와 남부 러시아에서 반유대주의 폭동이 일어나 약 40만 명의 유대인이 학살당했다. 이를 러시아어로 대박해란 뜻의 포그롬Pogrom이라 불렀다.

　당시 유대인들은 서유럽과 미국으로 많이 탈출했다. 런던에 15만 명, 빈에 7만 명 등의 유대인들이 몰려들면서 서유럽에서도 반유대주의가 거세게 일어났다. 자유, 평등, 박애의 혁명 본고장 프랑스에서조차 무고한 유대인 장교를 간첩으로 모는 드레퓌스 사건이 발생했다. 이를 취재하던 테오도어 헤르츨이 팔레스타인에 유대 국가를 건설하자는 시오니즘 운동을 시작했다. 그러자 유대인들이

2014년 9월 당시 이스라엘 레우벤 리블린 대통령이 이스라엘군수산업체IMI에서 운영하는 한 공장을 시찰하며 현장에서 제조한 첨단 군사 장비들을 면밀히 살펴보고 있다. 1948년 건국 직후부터 주변 국가들의 공세에 직면했던 이스라엘은 생존을 위해 방위산업 육성에 전력을 다했고, 국방 분야는 향후 이스라엘이 첨단 산업과 창업 분야에서 선도국이 될 수 있는 든든한 토대가 됐다. (출처: 이스라엘 공보국GPO)

팔레스타인으로 모여들면서 프랑스의 에드몽 로스차일드는 1887년 팔레스타인 땅을 비밀리에 사들여 이주자들이 농사를 지을 수 있게 했다. 그는 이런 식으로 이주자들에게 팔레스타인 땅의 80퍼센트를 마련해주었다고 한다.

2,011년 만의 건국 후 결사항전에 나서다

그러나 아랍인들이 유대인 이주자들에게 테러와 공격을 가했다. 이주자들은 이러한 어려움을 극복하기 위해 1909년 집단농장 키부츠를 창설하고 한 손에는 곡괭이, 다른 한 손에는 총을 들고 농사와 전투를 동시에 수행했다. 키부츠 구성원들은 모든 결정을 전체 회의를 통해 결정했다. 키부츠 내 모든 재산과 생산수단은 공동 소유로 했고 필요한 모든 것은 배급했다. 공산주의 방식이다. 공동 육아와 공동 교육이 시행됐다. 자녀들은 영유아 때부터 또래 아이들과 함께 먹고 자고 생활하면서 공부했다. 그 무렵 키부츠 구성원들은 이스라엘이 건국되면 스탈린식 공산주의 국가가 돼야 한다고 주장했다. 그러다 1921년에 개인의 사유재산을 인정하고 자녀를 가정에서 양육하는 협동조합 성격의 집단농장 모샤브가 출현했다. 이후 키부츠와 모샤브가 수백 개 규모로 커지면서 건국 운동의 중심이 됐다. 그러면서 이스라엘은 계획경제를 근간으로 하는 사회주의 국가로 출범하게 된다.

유대인은 건국 이전에 대학을 먼저 설립해야 한다고 생각해 1912년 항구도시 하이파에 테크니온공과대학교의 초석을 마련했고 1917년 예루살렘에 히브리대학교의 초석을 마련했다. 당시 팔레스타인 내 유대인 인구는 고작 5만 6,000명이었다. 아인슈타인은 개교 전부터 히브리대학교에서 히브리어로 강의했다. 두 대학이 1925년 같은 해에 캠퍼스를 완공하고 개교하자 그는 테크니온공대의 초대 학장도 맡았다. 이후 테크니온공대 졸업생들은 건국 후 벌어질 전쟁에 대비해 비밀리에 집과 직장의 지하에서 무기를 제작해 키부츠와 모샤브에 공급했다.

1948년 5월 14일 이스라엘이 건국됐다. 당시 인구는 80만 6,000명이었다. 기원전 63년 로마제국에 정복된 지 2,011년 만에 나라를 되찾은 것이다. 하지만 기쁨도 잠시였다. 건국 선언을 한 그날 밤 이집트 전투기들이 이스라엘을 폭격했고 이튿날 아랍 5개

이스라엘 북부 키부츠 니르 다비드와 주변 농경지. 이스라엘은 끊임없는 연구를 통해 최첨단 기술을 발전시키며 거친 땅을 비옥한 농토로 바꿔왔다.

국이 사방에서 공격해왔다. 이스라엘군 2만 7,000명과 예비군 9만 명이 결사 항전으로 맞서 싸웠다. 여자들이라고 예외가 없었다. 20일 넘게 벌어진 전투 끝에 결국 유대인은 나라를 지켜냈다.

이때부터 이스라엘은 방위산업 육성에 국운을 걸었다. 1952년에 첩보부대부터 설치했다. 그리고 유대인 과학자들을 불러 모아 이스라엘군수산업체IMI를 세웠다. 1953년에는 항공산업체IAI을 설립해 6년 만에 비행기를 생산했다. 이때부터 이스라엘의 하이테크산업은 방위산업과 궤를 같이했다. 이스라엘 방위산업체는 다양한 무기를 생산하며 위성 발사에 성공해 이스라엘 최대 하이테크산업체가 됐다. 그중 원격 조종 소형 무인비행기가 유명하다. 배낭에 넣고 다닐 정도의 초소형 무인비행기는 위치정보시스템GPS을 이용해 원격으로 조종된다.

이스라엘은 이집트와 2차 중동전쟁을 치른 뒤 군을 '기술 전문 조직'으로 바꿔나갔다. 1959년부터 컴퓨터 프로그래머를 양성하기 시작했다. 그로부터 이스라엘 대학에 컴퓨터학과가 생긴 것은 10년 후였다. 그만큼 군이 앞서 나갔다. 1959년 병기개발청 '라파엘'은 전투기에서 발사하는 공대공 미사일을 개발했다. 그런 한편 프랑스의 도움을 받아 1963년 민간 자본으로 원전을 완공해 핵기술 보유국이 된다.

 1960년대 중반부터 민간 컴퓨터 기업들이 라파엘의 미사일 제조 기술을 활용해 세계 최고 수준의 능동형 레이더, 암호화 시스템, 해킹 기술 등을 탄생시켰다. 그 뒤 미사일 기술은 다양한 분야에 응용됐다. 일례로 바이오벤처 갈릴메디컬은 미세 침으로 전립선암 수술을 순식간에 끝내는 의료제품을 개발했다. 그 핵심 기술이 바로 미사일 발사 후 발사대를 급랭시키는 기술에서 온 것이다. 그 뒤 이스라엘은 전쟁의 승패는 제공권 장악에 있다고 보고 미국이 제공하기를 거부한 관성유도장치, 대용량 컴퓨터, 우주로켓 개발에 성공했다.

물 때문에 3차 중동전쟁이 일어나다

1967년 3차 중동전쟁은 물 때문에 벌어졌다. 사막성 기후의 이스라엘은 물이 턱없이 부족했다. 물 관리가 가장 중요한 국가 전략 목표였다. 건국 이전인 1937년 수자원 회사부터 설립했다. 이스라엘 최대 수자원인 갈릴리호수와 요르단강은 국민의 목숨줄인데 시리아가 갈릴리호수로 내려오는 물길을 막는 댐을 골란고원에 건설하려 했다. 그렇지 않아도 매년 수심이 얕아지는 갈릴리호수로 들어

이스라엘은 점적관수 기술을 개발해 황무지를 옥토로 바꿔갔다.

오는 물길을 막는 댐 건설은 이스라엘의 생존권을 위협하는 행위였다. 그러자 이스라엘은 1967년 4월 시리아의 골란고원을 공격했다. 이에 대해 이집트는 5월 시나이반도를 침공해 인도양으로 나가는 이스라엘의 유일한 해상로인 아카바만을 봉쇄했다. 나세르가 전쟁을 시작한 데는 이스라엘이 본격적으로 핵무장을 하기 전에 끝장내야겠다는 강박 심리가 작용했다. 이스라엘 공군은 6월 5일 레이더망을 피해 초저공비행으로 지중해를 멀리 우회하여 이집트 전투기

410대와 이튿날 시리아, 요르단, 이라크 전투기 416대를 파괴해 아랍 공군력을 초토화했다. 그 뒤 이스라엘은 기갑부대를 투입해 골란고원 수원지 일대를 정복하고 전쟁을 끝내 이를 '6일 전쟁'이라 부른다.

이스라엘은 1965년 전국 수도망을 완성했다. 그러나 농업용수는 절대적으로 모자랐다. 필요가 발명의 어머니였다. 한 키부츠가 같은 해 '네타핌'이라는 회사를 설립했다. 히브리어로 '물방울'이란 의미의 이 회사는 '점적관수drip irrigation' 기술을 개발해 황무지를 옥토로 바꿔갔다. 호스에 미세한 구멍을 뚫어 물방울이 조금씩 나오도록 컴퓨터로 제어해 물이 작물 뿌리에만 스며들게 했다. 이를 개발한 사람은 이스라엘 수자원공사 엔지니어였던 심카 블라스다. 그는 어느 날 이웃집 수도 파이프가 새는 걸 보고 이를 알려주려고 방문했다가 그 집 마당의 나무들이 물을 주지 않는데도 잘 자라는 것을 보았다.

그는 이에 힌트를 얻어 이 기술을 개발했다. 물에 대한 집념으로 이후 바닷물을 민물로 만드는 기술의 경제성도 확보했다. 세제곱미터당 평균 1~1.3달러였던 해수 담수화 비용을 새로운 기술을 개발해 50센트로 낮춰 모자라는 물 문제를 해결했다. 또 하수를 농업용수로 바꾸는 폐수 재활용률도 75퍼센트에 달해 광야를 옥토로 바꾸는 녹색혁명을 이루어 식량 자급률이 무려 95퍼센트다. 이스라엘에는 7,000여 개 스타트업이 있다. 이 중 700여 개가 수자원 이용의 효율 개선 방안을 찾고 있다. 물에 관한 한 세계 최강이다.

[더 읽을거리]
세파르디와 아슈케나지는 상이한 역사만큼 전통도 다르다

2014년 5월 전몰장병 추모행사에 참석한 세파라디 랍비(왼쪽)와 아슈케나지 랍비. 세파라디와 아슈케나지는 상이한 역사와 전통만큼 복장도 다르다. (출처: 이스라엘 공보국GPO)

유대인은 크게 두 종류로 구분된다. 하나는 세파라디이고 다른 하나는 아슈케나지다. 이베리아반도는 중세에 유대인이 가장 많이 살았던 지역이다. 이곳에 살던 유대인을 세파라디라고 불렀다. '스페인계 유대인'이라는 뜻이다. 당시 유럽 대륙에서 물류의 수송 경로였던 라인강 근처에 상업과 유통에 종사하는 유대인들이 몰려 살았다. 이들을 아슈케나지라 불렀다. '독일계 유대인'이라는 뜻이다.

12세기 십자군 전쟁 때 십자군이 라인강을 따라 진군하면서 유대인을 학살하기 시작하자 아슈케나지 대부분이 동구와 러시아로 피난을 가서 슬라브 민족과 같이 살았다. 이들은 오랫동안 슬라브 민족과 함께 살면서 피가 섞여 피부색이 검붉은 중동인에서 하얀 피부로 변해 세파라디와 쉽게 구별된다. 19세기 말 무렵 세계 유대인 인구 1,127만 명 중 러시아에 가장 많은 390만 명이 살았고 다음으로 폴란드에 131만 명, 헝가리에 85만 명이 거주했다.

대기업 없이 스타트업으로
경제 기적을 이루다

군사용 정보통신기술 발전에서 출발하다

1973년 10월 6일 '욤 키푸르' 전쟁이라 부르는 4차 중동전쟁이 발발했다. 이날은 유대인의 '대속죄일'로 모든 국민이 온종일 물 한 방울 마시지 않고 단식하며 한 해 동안 지은 죄를 하느님께 기도드리며 용서를 청하는 날이었다. 방송국 등 나라 전체가 고요히 쉬는 날로 거리에는 차 한 대 다니지 않았다. 이스라엘 군인들도 병영을 떠나 있어 기습하기에 더할 나위 없는 날이었다.

이를 이용해 이집트와 시리아가 아래위에서 동시에 기습했다. 이집트는 병력 75만 명과 탱크 3만 2,000대, 소련제 미사일까지 총동원해 이스라엘을 공격했다. 기습당한 이스라엘의 피해는 막심했다. 이스라엘이 자랑하던 시나이 전선의 모래언덕이 순식간에 무너져 내리고 골란고원이 점령됐다. 특히 지난 전쟁에서 눈부신 활약을 보여준 이스라엘 전차부대와 전투기는 이집트군이 쏘아대는 성능 좋은 소련제 미사일 공격에 무력하기 짝이 없었다. 개전 48시간 만에 이스라엘은 17개 여단이 전멸하다시피 했다.

이스라엘은 결국 핵무기 사용을 고려하게 된다. 다급해진 건 미국이었다. 어떻게든 핵전쟁은 막아야 했다. 미국은 사방으로 포위된 이스라엘에 무기 등 군수물자를 운반하기 위해 무려 5,566번의 비행 수송 작전을 펼쳤다. 이스라엘은 미국의 무기 지원으로 개전 6일 만에 시리아군에 대한 총반격을 개시해 골란고원을 되찾았다. 그 뒤 시나이반도로 이동해 수에즈시를 점령했다. 10월 25일 유엔군의 긴급 파견이 결정돼 4차 중동전쟁은 마무리됐다.

이스라엘은 패배 직전까지 갔던 이 전쟁에 큰 충격을 받았다. 보병과 전차는 미사일 공격 앞에 무용지물임을 깨달았다.

100만 명의 고학력 러시아 유대인을 받아들이다

그 후 이스라엘은 방위산업 전략을 180도 바꿔 전차 등 재래식 무기 개발이 아니라 적의 공격을 사전에 파악하고 대응할 수 있는 체제로 바꿔갔다. 이를 위해 제일 먼저 1952년 창설된 첩보부대를 '8200' 인터넷 보안부대로 바꾸고 인터넷 첩보 활동을 강화했다. 과학기술 전문 장교 집단 '탈피오트'를 창설하여 이들을 중심으로 방위산업을 군사용 정보통신기술 위주로 발전시켰다. 곧 정보산업과 인공위성, 인터넷을 활용한 레이더, 미사일, 미사일방어체계 아이언돔, 무인비행기, 드론 등이 주력이 됐다. 이러한 첨단 방위산업 기술이 전역 후 이들의 창업 아이템이 되었다. 8200부대와 탈피오

1994년 4월 러시아에서 이스라엘로 향하는 여객기에 동승한 이츠하크 라빈 당시 이스라엘 총리가 이스라엘 이주를 결심한 러시아 유대인 승객들과 일일이 악수를 나누며 환영 인사를 하고 있다. 1991년 12월 소련이 붕괴된 뒤 수년간 100만 명의 고학력 러시아 유대인들이 이스라엘로 이주했다. 당시 이스라엘 인구의 5분의 1에 달하는 규모였다. 이들은 이스라엘이 기술·창업 강국으로 도약하는 데 핵심 역할을 했다. (출처: 위키피디아)

트는 이후 국가 스타트업 육성 정책의 핵심이 됐다. 8200부대 출신들이 창업한 스타트업이 1,000개가 넘으며 그중 사이버보안 기업만 400개에 이른다. 인터넷 방화벽 시장 세계 점유율 1위인 '체크포인트' 설립자 길 슈웨드Gil Shwed 역시 8200부대 출신이다. 이러한 추세는 탈피오트도 마찬가지다. 미사일방어체계 아이언돔도 탈피오트 사관후보생의 아이디어로 시작돼 병기개발청 라파엘이 생산에 성공했다. 라파엘은 우리나라 연평도에 배치된 4세대 스파이크 미사일도 개발했다.

이스라엘은 세계에서 유일하게 국가의 성격과 경제 방향을 바꾼 나라다. 사회주의 국가로 출발했으나 1980년대 후반에 자본주의를 접목해 시장경제 체제를 도입했다. 이런 신생 자본주의 국가에

이스라엘 첨단 방위산업의 상징인 미사일방어체계 '아이언돔'. 2012년 11월 하마스 로켓을 요격하기 위해 아이언돔이 발사되고 있다. (출처: 위키피디아)

1991년 12월 26일 소련의 붕괴로 국경 봉쇄가 풀리면서 약 100만 명의 고학력 러시아 유대인들이 물밀듯이 이주해왔다. 이들 중 약 23퍼센트가 과학자로 대부분 소련 국립 연구기관에서 근무한 경력자들이었다. 당시 이스라엘 인구는 500만 명이었고 실업률이 높은 시절이었다. 러시아 유대인들의 이주는 국가의 운명을 가를 정도로 중차대한 일이었다. 이스라엘 수석과학관실은 이들의 높은 과학 수준과 기술력을 상업화하기로 하고 미국 유대인 단체의 협조를 받아 이스라엘 전역에 24개의 기술 인큐베이터를 설립하고 기술창업 보육사업을 전개했다. 될성부른 아이디어에 최소 2년간 80만 달러까지 지원했다.

그리고 이들을 본격 지원하기 위해 1993년에 '요즈마 펀드'를 설립해 해외 벤처캐피털과 글로벌 기업의 연구개발R&D센터 유치에 사활을 걸었다. 투자 수익에 대한 비과세, 투자 후 5년 내 요즈마 지분을 싼값에 되살 수 있도록 하는 획기적인 인센티브로 대성공을 거뒀다. 초기 스타트업들이 매년 20여 개씩 성공을 거두자 전 세계 벤처캐피털들이 이스라엘로 몰려들었다. 1억 달러로 시작한 요즈마 펀드는 크게 성장해 5년 후 민영화됐으며 10년 후에는 규모가 40억 달러로 커졌다.

세계 약품의 25퍼센트가 이스라엘의 기술에 기반한다

이스라엘 스타트업의 또 다른 배출구는 대학과 연구소다. 이스라엘은 건국 30여 년 전에 설립한 대학과 연구소를 중심으로 방위산업을 육성해 왔으며 또 이를 토대로 기술 혁신을 이루고 하이테크 산업을 발전시켰다. 그리고 이들 대학과 연구소는 보유한 기술을 민간기업에 접목하기 위한 기술 이전 조직을 별도로 만들었다. 바이츠만연구소의 예다, 테크니온공과대학교의 T-3, 히브리대학교의 이슘, 텔아비브대학교의 라못 등이다. 이들의 기술사업화 실적 또한 세계 최고 수준이다.

1959년에 설립된 바이츠만연구소의 예다에 따르면, 세계 약품

2023년 2월 14일 예루살렘 국제 컨벤션 센터에서 열린 '아워크라우드 글로벌 인메스트 서 밋 2023'에서 군 관계자가 나와 발표하고 있다. (출처: 아워크라우드)

시장 매출액 중 약 4분의 1은 이스라엘 과학자들의 기술을 이용해 개발됐다고 한다. 학생 수가 1,380명인 바이츠만연구소의 기술사업화 성과가 200여 미국 대학 성과의 절반에 필적한다. 1964년에 설립된 히브리대학교의 이슘의 경우도 기술 이전을 통해 연 매출 20억 달러를 벌어들이고 있다. 이들의 설립 연도만 보아도 이스라엘 대학교와 연구소가 일찍부터 연구 결과의 실용화를 얼마나 중시했는지를 잘 보여준다.

이스라엘의 스타트업 생태계는 네 차례 중동전쟁과 러시아 유대인 100만 명의 유입으로 특이한 구조를 갖게 된다. 스타트업의 요람이 군대와 산업계와 대학의 연합 전선인 '군·산·학' 복합체로 이루어져 있다. 여기에서 매년 1,000여 개 스타트업이 탄생해 한 해에 창업하는 스타트업 수가 유럽 전체 스타트업 수를 능가한다. 현재 이스라엘 스타트업 수가 7,000개가 넘다 보니 이들의 젊은 피를 수혈하기 위해 이스라엘에 세워진 다국적 기업들의 연구개발센터가 무려 400개에 달한다. 이들은 대부분 이스라엘 스타트업을 인수하는 형태로 연구소를 시작했고 관련 하이테크 연구와 병행해 지금도 유망한 스타트업을 사냥하고 있다. 이스라엘 스타트업들의 매각과 합병과 글로벌 시장 진출을 돕고 있다. 이스라엘에는 세계가 탐내는 스타트업들이 넘쳐나고 있다. 전 세계가 투자를 줄이는 팬데믹 기간에도 이스라엘 기업에 대한 외국인 직접투자가 급증하는 현상을 보이고 있다.

현재 이스라엘은 변변한 글로벌 대기업 하나 없이 스타트업과 방산 기업들이 국내총생산GDP 증가에 크게 기여하고 있다. 2022년 10월 발표한 국제통화기금IMF 자료에 의하면, 2022년 이스라엘 1인당 국내총생산GDP이 5만 5,358달러에 달한다. 이는 팬데믹 상황에서 프랑스와 영국은 물론 독일보다 높은 수치이며, 2020년 4만 4,181달러, 2021년 5만 1,449달러에서 2년 만에 25.3퍼센트가 껑충 뛴 비약을 보여주었다. 스타트업이 이룬 경제 기적이다.

[더 읽을거리]
실리콘밸리의 선배들이 이스라엘의 벤처 기업들을 발굴한다

이스라엘은 척박한 환경에서 살아남기 위해 교육, 기술 개발, 그리고 이를 토대로 한 스타트업 진흥에 나라의 운명을 걸었다. 그 결과 군·산·학 복합체로부터 스타트업이 쏟아져 나와 인구 1,400명당 스타트업이 하나씩 탄생해 스타트업 강국이 됐다. 하지만 이것만으로는 부족했다.

이스라엘 스타트업들을 글로벌 기업으로 키워내는 일은 실리콘밸리에서 성공한 유대인 기업가들의 몫이었다. 그들은 될성부른 새싹을 조기에 발굴해 투자했을 뿐만 아니라 정보 제공, 인맥 연결, 글로벌 마케팅과 상장IPO 지원 등 디테일한 부분까지 헌신적인 도움을 마다하지 않았다. 이를 '헤세드 정신'이라 한다. 히브리어로 '긍휼' '자비'라는 말로 '보상을 바라지 않고 헌신적으로 돕는다'는 뜻이다. 이는 유대인 공동체가 지향하는 최고 단계의 체다카(돌봄, 나눔) 정신이다. 이런 과정을 거쳐 나스닥에 상장된 이스라엘 스타트업 수는 100여 개로 미국, 중국에 이어 3위다.

유대인의 세계관
세계관이 다르면 인생의 철학과 태도가 완전히 달라진다!

초판 1쇄 인쇄 2024년 3월 12일
초판 1쇄 발행 2024년 3월 19일

지은이 홍익희
펴낸이 안현주

기획 류재운 **편집** 송무호 안선영 김재열 **마케팅** 안현영
디자인 표지 정태성 본문 장덕종

펴낸 곳 클라우드나인 **출판등록** 2013년 12월 12일(제2013-101호)
주소 우) 03993 서울시 마포구 월드컵북로 4길 82(동교동) 신흥빌딩 3층
전화 02-332-8939 **팩스** 02-6008-8938
이메일 c9book@naver.com

값 20,000원
ISBN 979-11-92966-62-5 03320

* 잘못 만들어진 책은 구입하신 곳에서 교환해드립니다.
* 이 책의 전부 또는 일부 내용을 재사용하려면 사전에 저작권자와 클라우드나인의 동의를 받아야 합니다.
* 클라우드나인에서는 독자 여러분의 원고를 기다리고 있습니다.
  출간을 원하시는 분은 원고를 bookmuseum@naver.com으로 보내주세요.
* 클라우드나인은 구름 중 가장 높은 구름인 9번 구름을 뜻합니다. 새들이 깃털로 하늘을 나는 것처럼 인간은 깃펜으로 쓴 글자에 의해 천상에 오를 것입니다.